日本人として心が豊かになる 家族と自分のお葬式

厚生労働省認定 葬祭ディレクター1級
葬祭ディレクター技能審査 試験官
佐藤信顕◎監修

JN271246

青志社

はじめに

費用を節約しても「よいお葬式」はできる

現代のお葬式は、どのようなかたちで行うにしても、ある程度は葬儀社に頼らざるをえません。家族だけの小さなお葬式であっても、遺体の搬送を葬儀社に依頼することになります。たしかに、喪主や遺族になるのは一生のうち何度もあることではありませんから、お葬式をその道のプロである葬儀社に頼るのは当然のことでしょう。

ただ、「お葬式を葬儀社任せにしていたら、思ったより派手になり費用がかさんだ」「手配してもらった式場が広すぎて、閑散としてさびしいお葬式になった」など、葬儀社との意思疎通がとれておらず、お葬式に疑問や不満を感じたという方は少なくありません。

本書は、自分が死を迎えたときにお葬式をどうしてほしいか、愛する家族が死を迎えたときにどのように送ってあげたいか、それを元気なうちに家族で話し合うための手引き書です。

本来、お葬式とは、送られる故人のためだけの儀式ではなく、残された家族がその悲しみの現実を受け止め、また、生きることについて考える大切な時間でもあるのです。家族が故人とどれだけ十分に向き合うことができたのか、それが〝いいお別れ〟を左右することになります。そのためには準備をしておくことが大切です。そして、その準備こそが葬儀費用節約のための大きな一歩になるのです。

第1部では、まず一般的なお葬式の流れと、お葬式にかかわる費用を具体的にご紹介します。ここで葬儀社選びに失敗しない基本と費用節約のコツをつかんでください。自分らしいお葬式を希望されている方も、一般的なお葬式の流れを理解しておいたほうが考えをまとめやすいでしょう。

そして第2部では、新しいお葬式のかたちをご紹介するとともに、残された家族へのメッセージともいえるお葬式の要望書、遺言書の書き方や相続のポイントについても詳しく触れています。また、人生の締めくくりをトータルにデザインできる「エンディングノート」の作り方を掲載しました。

自分自身にも、家族にも、必ずその日はやってきます。本書をきっかけに、〝いいお別れ〟ができるよう家族で話し合ってみてはいかがでしょうか。

目次

——日本人として心が豊かになる　家族と自分のお葬式

はじめに　2

序　お葬式の不安をチェックする　9

第1部　よいお葬式の基礎知識　17

❶「お葬式」丸わかり
●地域や時代によってお葬式は変わっていく　18
●お葬式には四つの役割がある　19
●葬儀と告別式は意味が異なる　20
●お葬式の流れは宗教を問わない　22

❷お葬式の最低限の決まりごと
●まず、死亡診断書を受け取る　26
●病院以外で死亡した場合の対応に注意　28
●火葬は、死後二四時間を経過してから　28

❸危篤と臨終
●大切な家族が最期を迎えたら　30
●遺体の搬送は速やかに行う　33

●遺体はできるだけ静かな部屋に安置する 34　●遺体の安置直後にすること 36

❹葬儀社選び　●葬儀社に連絡する前の事前準備 40　●よい葬儀社選びのコツを知る 42

❺葬儀費用と葬儀社との交渉　●お葬式にかかる費用は大きく四つに分けられる 44
●費用の内訳と支払先を知っておく 46　●打ち合わせでの不明点はその場で解決 49
●式場と日程を調整しながら決める 50　●「葬儀一式」料金の内容を確認する 53
●祭壇の金額は総予算から逆算する 53　●棺と骨壺のランクは素材のちがい 55
●受付で手渡す会葬礼状と返礼品 57　●通夜ぶるまいと精進落とし 58
●枕飾り壇と後飾り壇は基本料金内が多い 59　●意外にかかる移動費用 60
●火葬料金は自治体によりさまざま 61　●見落としがちなその他の費用 63

❻お寺関係の費用　●お布施の額に決まりはない 65　●戒名の依頼は慎重に 66
●戒名の格付けはお寺への貢献度 67　●お車代を用意しておく 68

❼お葬式後にすること　●あいさつ回りと葬儀事務の整理 69
●香典返しと四十九日忌・納骨 70　●事後の手続きは早めに行う 71
●その後の法要は一周忌、三回忌と続く 73

第2部 自分らしいお葬式を考える 75

❶死をどう迎えるか
●自分らしい死を考える 76
●死の準備に大切なことは家族と話すこと 76
●自分で自分の死に方を決める尊厳死 77
●献体登録と臓器提供は家族の同意が必要 80

❷自分らしいお葬式
●ジミ葬を望む人が多数派に 82
●これまでの習慣にどこまで従うか 83

❸簡素なお葬式
●「直葬」は、究極のジミ葬 86
●直葬では遺体の安置がポイントになる 87
●直葬にもいろいろなやり方がある 88
●告別式のみで一日だけのお葬式も可能 90
●「市民葬」「区民葬」は使い方次第 91

❹家族葬
●「家族葬」に定義はない 92
●家族葬の利点と注意点 94
●宗教葬にするか無宗教葬にするか 95

❺無宗教葬（自由葬）
●特定の宗教にこだわらず自由なかたちで旅立つ 97
●無宗教葬の利点と注意点 98
●生前の準備が成功のポイント 100

●いろいろなスタイルを考えてみる 101
●無宗教葬だからできる心に残る送り方 103

❻お別れ会(しのぶ会)
●自らお別れを言える生前葬 107
●告別式としてお別れ会を行う 106

❼海や山へ還る自然葬
●五〇代の二割の人が自然葬を希望 108
●自然葬に関する法的規制 109
●散骨を行う場合のポイント 110
●散骨では、遺骨を一部残す方法もある 111
●樹木葬を行う場合のポイント 112
●自然葬は平服が一般的 113

❽葬儀費用の準備
●金融機関の口座は死亡すると封鎖される 114
●生命保険の受取人は喪主となる人に 115

❾お葬式の生前予約(生前契約)
●事前によい葬儀社をみつけておきたい 116
●生前予約をするときの注意ポイント 116
●葬儀社が手がける生前予約のメリット 118
●生前予約の問題点 119

❿遺言とお葬式の要望書
●遺言書は遺書ではない 120

●遺言書の効力と検認の手続き 121
●「お葬式の要望書」の書き方 122
●遺言書の撤回や変更 124

⓫相続

●相続は遺言の有無の確認から始まる 126
●法定相続人には優先順位がある 129
●相続方法は選択できる 130
●遺産分割は全員の同意により決定 132
●「遺産分割協議書」を作成する 133
●遺産分割協議がまとまらなかったら 134
●相続税がかかる人は少ない 135

⓬エンディングノート

●人生のエンディングを家族に明確に伝える 136
●エンディングノートの項目例 138

序

お葬式の不安をチェックする

❶お葬式の基本に関すること
❷お葬式の費用に関すること
❸お寺に関すること
❹いろいろなお葬式に関すること
❺供養とお墓に関すること
❻遺言と相続に関すること
❼終末医療と死後の希望に関すること

「自分や家族のお葬式のことを考えておかなければ」と思っていても、具体的にプランを持っている方はごくわずかです。
なぜ、近い将来必ずやってくるお葬式のことを準備しないのか――。それは、具体的に何をどのように考えればいいのかわからないからです。
ここでは、そのとっかかりとして、お葬式に関するさまざまな悩みや心配ごとを列挙しました。実際に目を通していただくと、ご自身の心配ごとがいくつも浮かび上がってくるはずです。まずは該当する頁からご覧ください。そのあとで、第1部の「よいお葬式の基礎知識」からお読みいただければ、お葬式の常識が手にとるようにわかるでしょう。

① お葬式の基本に関すること

Q 死亡を判定できるのは医師だけ？

A P26 死亡の判定は必ず医師が行う

Q 死亡届を出せば、いつ火葬してもいい？

A P28 死後二四時間を経過してから

Q よい遺影写真を選ぶには？

A P38 ピントが合い、故人が気にいっていたものを

Q よい葬儀社を選ぶには？

A P42 希望をじっくり聞いてくれる業者がいい

Q 忌明けの香典返しが大変だ

A P57 お葬式当日の「即日返し」という方法もある

Q 会葬礼状に「清めの塩」は付けるべきか?

A P58 地域の習慣に従うのがよいのでは

2 お葬式の費用に関すること

Q 普通のお葬式をするにはいくらかかる?

A P44 全国平均は二三一万円。しかし…

Q 通夜ぶるまいは、どれくらい用意する?

A P59 予想される参列者の約七割分で十分

Q 精進落としは一人いくらかかる?

A P59 一人前五〇〇〇円前後(飲み物別)

Q 心づけはどうする?

A P63 葬儀社との打ち合わせ時に地域の慣例を聞く

Q 葬儀費用の準備はどうしたらいい?

A P114 故人名義の銀行口座は凍結されるので注意

Q 生命保険で葬儀費用を払いたい

A P115 受取人を喪主にすればスムーズになる

③お寺に関すること

Q お布施の相場がわからない
A P65 全国平均は約五五万円（戒名料含む）

Q 戒名は菩提寺からもらわなければダメ？
A P66 菩提寺のお墓に入るなら、そうする必要がある

Q 俗名のままでお葬式ができるか？
A P67 問題なくできる

④いろいろなお葬式に関すること

Q 自分が死んだら火葬だけでお葬式はいらない
A P88 「直葬」にもいろいろなやり方がある

Q お葬式は一日で終えたい
A P90 「一日葬」で行う

Q 身内だけでゆっくり故人を見送りたい
A P92 「家族葬」がある

Q 「家族葬」での注意点は？
A P94 後日、弔問客の対応に追われることも…

Q 自分は「無宗教葬」にしてほしい
A P97 家族と親族の理解を得ておく

Q 「無宗教葬」の注意点は？
A P98 埋葬のことまで考えておく

Q 親族に「無宗教葬」を認めてほしい
A P100 生前の準備が成功のポイント

Q 「お別れ会」を開く時期は？
A P106 死後、日が浅いうちがいい

Q 「生前葬」を行ったら、本当のお葬式はやらないの？
A P107 「家族葬」や「直葬」にするのが一般的

⑤ 供養とお墓に関すること

Q 年回法要が続くが、あわせてできるか？
A P73 「併修」ができる

Q 分骨を考えているが
A P56 葬儀社に伝え、火葬時に行う

Q 散骨の法規制は？

A P109 節度をもてばOK

Q 家の庭に樹木葬したい

A P110 樹木葬は墓地でなければできない

Q 遺骨の一部を手元に置いておきたい

A P113 手元供養という方法がある

⑥ 遺言と相続に関すること

Q 遺言書がみつかったら？

A P122 公正証書遺言以外は家庭裁判所の検認が必要なので開封しない

Q 遺言書は変更できるのか？

A P124 何度でも変更可能。最新の日付けが有効

Q 相続で最初にやることは？

A P126 遺言書の有無を確認

Q いつまでに相続を終えなければならないか？

A P127 相続税の納付期限は死亡日から一〇カ月以内

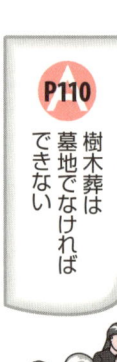

Q 相続はすべて遺言書が優先されるか?

A P127 法定相続人には「遺留分」が認められている

Q 香典は相続の対象になるか?

A P127 ならない

Q 故人の債務は相続したくない

A P131 「限定承認」「相続放棄」の方法がある

Q 法定相続では相続割合を守らなければならないか?

A P133 「寄与分」が認められている

Q 遺産が不動産で分割しづらい

A P132 「換価分割」「代償分割」の方法がある

Q 「遺産分割協議書」は必要か?

A P133 作っておくべき

Q 相続の話し合いがまとまらない

A P134 家庭裁判所に調停を申し立てる

⑦ 終末医療と死後の希望に関すること

Q 尊厳死を希望している
A P77 尊厳死意思表明の文書を残しておく

Q 死後の臓器提供を希望している
A P80 ドナーカードに記入しておく

Q お葬式の希望を遺言書に残しておきたい
A P121 遺言書の開封はお葬式後になるので意味をなさない

Q 「お葬式の要望書」を書くときの注意点は？
A P122 できるだけ具体的に書く

Q お葬式の生前予約の注意点は？
A P116 解約や内容の変更が可能かを確認する

Q 生前予約のメリットは？
A P118 お葬式の内容や費用が具体的になる

Q エンディングノートの希望は必ず守られるか？
A P136 法的拘束力はない

Q エンディングノートの保管はどうすべきか？
A P137 家族に必ず保管場所を伝えておく

第1部

よいお葬式の基礎知識

❶「お葬式」丸わかり
❷お葬式の最低限の決まりごと
❸危篤と臨終
❹葬儀社選び
❺葬儀費用と葬儀社との交渉
❻お寺関係の費用
❼お葬式後にすること

❶「お葬式」丸わかり

地域や時代によってお葬式は変わっていく

お葬式の場で戸惑うのは、マナーブックなどで予備知識を得ていたとしていても、必ずしもそれがあてにならないという点です。

お葬式の流れは、一般的な例として〔臨終→納棺→通夜→葬儀・告別式→火葬→還骨→法要→納骨〕となっています。

東京をはじめとして〔通夜→葬儀・告別式→火葬〕の地域が多いのは確かですが、〔通夜→火葬→葬儀・告別式〕という地域もかなりあります。つまり、火葬を葬儀・告別式の前にするか後にするかというちがいです。

また、納骨を四十九日の忌明け後に行う地域もあれば、葬儀・告別式の当日に納骨まで行う地域もあります。火葬ではなく土葬が一般的だった昔は、葬儀当日に葬列をつくって遺体をお墓に埋葬していたので、その風習の名残なのでしょう。

それればかりでなく、地域特有の風習やしきたりがさまざまあります。かつては「葬式組」といって隣近所の人たちがお葬式を手伝ったものですが、いまでは全国どこでも葬

●お葬式の役割

儀社が中心となってお葬式を行います。そのため知識がなく、自分の土地のお葬式のやり方であっても戸惑うことが多いわけです。

家族構成や近所とのつきあいも昔とは変わっています。お葬式の常識は地域や時代によって変わっていくものだと思ったほうがよいでしょう。

お葬式には四つの役割がある

人が亡くなるとお葬式をする――そんな私たちの常識が、いまでは常識ではなくなりつつあります。火葬のみでお葬式をしない、いわゆる「直葬《ちょくそう》」（86頁参照）が増加傾向にあるのです。

直葬がいけないということではありません。それが故人の希望であったり、療養期間に医療費がかさんでお葬式費用が用意できないなどという理由もあるでしょう。

それでは、お葬式にはどのような意味と役割があるのでしょうか。

お葬式の役割は大きく四つあるといわれています。

第一に「遺体の処理」。遺体を衛生的に火葬し、その後に埋葬することです。

第二に「社会的な処理」。死亡届をはじめとする各種手続きを行います。また、死の事実を社会（友人・知人など）に告知します。

第三に「霊魂の処理」。故人の霊を慰めて供養するという、宗教的な儀式を行います。

そして第四に「遺族の心の処理」がありま す。大切な人を亡くした遺族は大きな悲しみを体験することになります。その心の痛みをやわらげるための時間、周囲からのいたわりを受ける場がお葬式といえます。

葬儀と告別式は意味が異なる

葬儀のことを「葬儀・告別式」ということが多いですが、葬儀と告別式は何のために行うのかという意味がまったく異なります。

簡単にいえば、故人を死後の世界へ送り、

冥福《めいふく》を祈るのが葬儀です。

「葬儀」とは「葬送儀礼」の略で、人間が生から死へ移行する通過儀礼です。通過儀礼とは、出生、成人、結婚、死などの人間が成長していく過程で、次の段階に進むときのけじめの儀式のことです。

したがって葬儀は、この世の人としての状態から、死を迎えて次の状態へ生まれ変わるための儀式ということです。それは、故人のためだけではなく、残された家族にとっても、故人の死への移行を見守る大切な時間です。

ですからふつう、葬儀は宗教儀式として、遺族や近親者を中心に営まれます。

これに対して、故人にお別れをいうのが告別式です。告別式は故人とおつきあいがあった方が誰でも会葬し、お別れをする場なので、必ずしも宗教儀式ではなくてよいわけです。

最近は、高齢化や核家族化によって盛大に告別式を行う必要もなくなり、「家族葬」が多くなっています。家族葬はよく「密葬」と混同されますが、密葬という場合は身内だけで葬儀を行い、後日、告別式を兼ねて本葬を行うことを前提としています。

また、無宗教でのお葬式（自由葬、97頁参照）も認知されてきました。宗教儀式を行わず、そのかわりに故人とのお別れの時間をつくって、故人の功績をたたえたり、趣味の話をして過ごすというものです。

お葬式の流れは宗教を問わない

現在、日本のお葬式の九割以上は仏式（仏教）で行われています。したがって、本書でも葬儀の内容などは仏式を中心に説明しています。しかし、次頁の「お葬式の流れ」を見ていただくとわかるように、儀式の内容は宗教によってちがいますが、お葬式の一連の流れはそれほど変わりません（ただし、前述したように火葬を先に行う地域がある）。

仏式の葬儀では、僧侶が読経し、参列者は焼香をします。神式（神道《しんとう》）では、神主が祭詞をあげ、参列者は玉串《たまぐし》を捧げます。キリスト教式では、神父や牧師が祈りを捧げて、参列者は献花をします。

葬儀が宗教儀式として行われる理由は「霊魂の処理」にあります。それぞれの宗教で表現はちがいますが、命は死んで終わりではなく、霊魂になると信じられてきました。

仏教では浄土へ、神道では黄泉《よみ》の国へ、キリスト教やイスラム教では天国へ行くといいます。つまり、生命の源に還《かえ》っていくという死生観です。

死者はこの世とは別の世界（あの世）から自分たちを見守っていてくれ、自分たちも死んだらそこへ還っていくのだと信じることで、遺族は癒《いや》されるのです。

【お葬式の流れ】

	仏式	神式	キリスト教式 カトリック	キリスト教式 プロテスタント
危篤	●近親者へ連絡	●近親者へ連絡	●近親者へ連絡 ●教会へ連絡 ●聖体拝領	●近親者へ連絡 ●教会へ連絡 ●聖餐式
臨終	●末期の水 ●清拭（湯灌） ●死化粧 ●死亡診断書の受け取り ●菩提寺の住職に連絡	●末期の水 ●清拭（湯灌） ●死化粧 ●死亡診断書の受け取り ●神官に連絡	●遺体の清め ●死化粧 ●死亡診断書の受け取り	●遺体の清め ●死化粧 ●死亡診断書の受け取り
遺体の安置	●遺体の搬送 ●枕飾り ●枕経	●遺体の搬送 ●神棚封じ ●枕飾り ●枕直しの儀	●遺体の搬送	●遺体の搬送

	納棺	通夜	葬儀・告別式
仏式	●納棺	●通夜（読経・焼香） ●通夜ぶるまい	●葬儀（読経・焼香） ●告別式（読経・会葬者焼香・弔辞・弔電）
神式	●納棺の儀	●通夜祭（祭詞・玉串奉奠） ●遷霊祭（遷霊祭詞・玉串奉奠） ●直会	●葬場祭（修祓の儀・祭詞・玉串奉奠・弔辞・弔電） ●告別式（会葬者玉串奉奠）
キリスト教式 カトリック	●納棺式	●通夜式（聖歌合唱・聖書朗読・献花） ●茶話会	●葬儀ミサ（聖歌合唱・聖書朗読） ●赦祷式 ●告別式（告別の祈り・故人の略歴紹介・弔辞・弔電・会葬者献花）
キリスト教式 プロテスタント	●納棺式	●前夜祭（賛美歌斉唱・聖書朗読・献花） ●茶話会	●葬儀（聖書朗読・賛美歌斉唱・弔辞・弔電・献花） *プロテスタントは葬儀のみ

出棺	火葬	収骨	還骨	供養	納骨
●別れ花 ●釘打ちの儀式	●焼香 ●合掌礼拝	●お骨あげ ●埋葬許可証の受け取り	●後飾り ●還骨法要・繰り上げ初七日法要 ●精進落とし	●初七日法要 ●四十九日忌（忌明け）	●納骨法要
●出棺祭	●火葬祭（玉串奉奠）	●お骨あげ ●埋葬許可証の受け取り	●帰家祭 ●直会	●五十日祭（忌明けの霊祭）	●埋葬祭
●献花	●最後の祈り（聖歌合唱・聖書朗読）	●収骨 ●埋葬許可証の受け取り		●追悼ミサ	●埋葬式
●献花	●最後の祈り（賛美歌斉唱）	●収骨 ●埋葬許可証の受け取り		●召天記念祭	●埋葬式

※葬儀・告別式の前に火葬する地域もあります。

❷お葬式の最低限の決まりごと

まず、死亡診断書を受け取る

お葬式には四つの役割があることは前述しましたが、最低限必要なことは「社会的な処理」と「遺体の処理」です。故人の死亡届を役所に提出して戸籍を抹消し、遺体を火葬・埋葬するというお葬式の原点さえ守れば、故人を送ることができます。

その原点の第一が死亡の判定です。人の死亡の判定は必ず医師が行います。そして「死亡診断書」（一般的に死亡届と一緒の一枚になっている。左頁の書類を参照）に医師が記入し、さらに遺族が記入して役所に提出することで、死亡者は戸籍から抹消され、故人となります（社会的な処理）。

死亡診断書の作成料金は病院によってちがい、一通五〇〇〇円から二万円ほどです。

死亡診断書は、死後の諸手続きで必要な場合があり、コピー可のケースもあるのでコピーを数枚取っておきましょう。

また、死亡届の提出と同時に「死体火葬許可証」をもらうことで、火葬が可能になります（遺体の処理）。

●死亡届（死亡診断書）

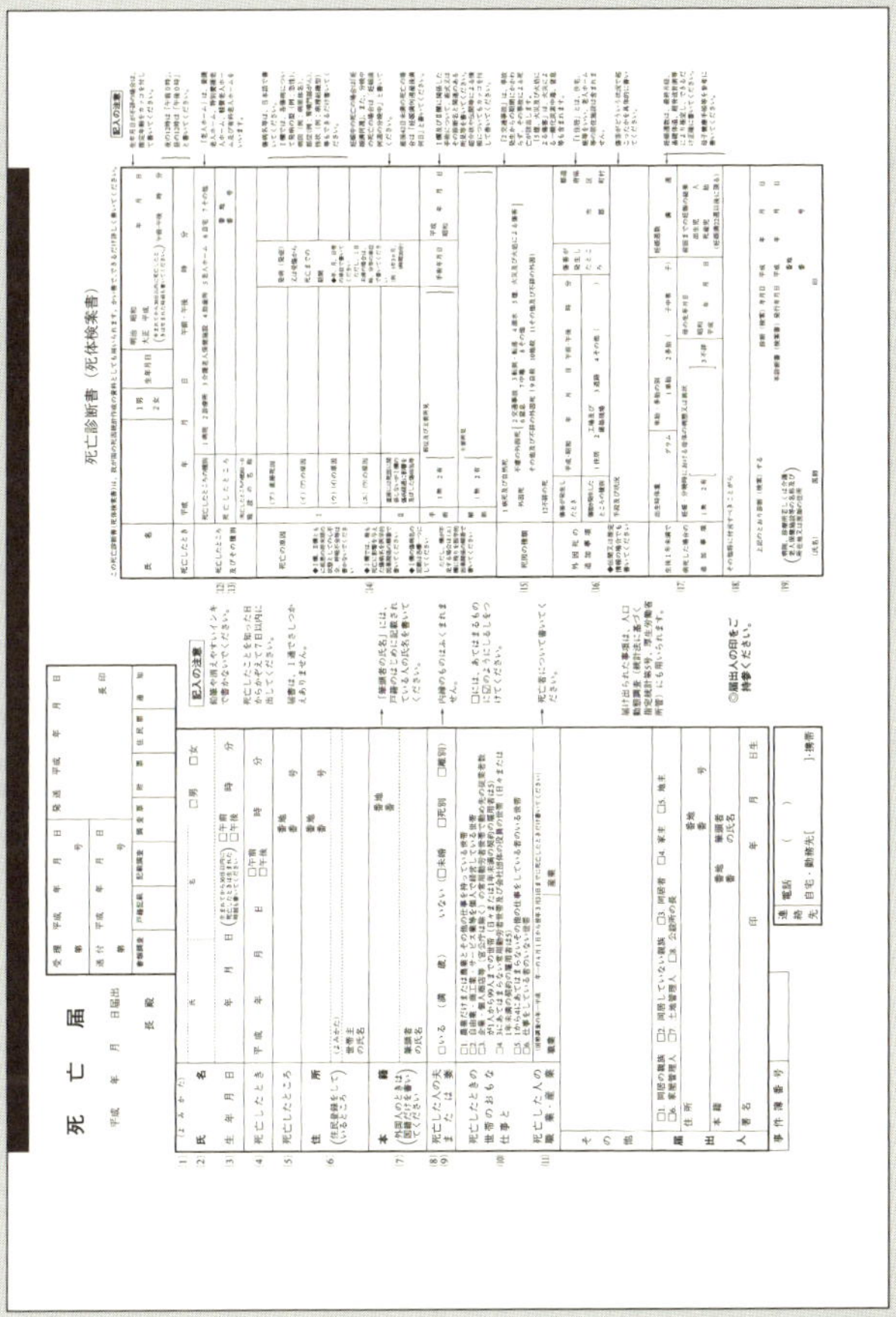

病院以外で死亡した場合の対応に注意

病院で死亡した場合は、かかっていた医師がいるので、死亡判定や死亡診断書を書いてもらうことに問題はありません。しかし、自宅や外出中に死亡した場合は、死亡を確認した医師が書きます。

自宅で亡くなった場合は、かかりつけ医に至急来てもらいます。それまで遺体を動かしてはいけません。

かかりつけ医がいない場合は、近所の医師を呼ぶか、警察に監察医を依頼します。医師が検死して死因に異常がなければ病気による自然死として扱われます。

もし、死因に不明な点があれば、変死の扱いになり、行政解剖や司法解剖が行われる場合もあります。変死扱いでは「死体検案書」が交付されます。

外出中に容態が急変、あるいは事故等により現場で死亡した場合は変死扱いとなりますが、この場合でも病院へ運ばれてしばらくたってから死亡したならば自然死となります。

火葬は、死後二四時間を経過してから

役所に死亡届を提出するときに「死体火葬許可証交付申請書」（上の書類）を一緒に提

●死体火葬許可証交付申請書

（　　　　区民係扱）

第　　　号		死体火葬許可証交付申請書		
死亡者の本籍				
死亡者の住所				
死亡者の氏名			性別	男・女
出生年月日		明治・大正 昭和・平成　　年　　月　　日		
死因		「一類感染症等」　　「その他」		
死亡年月日時		平成　　年　　月　　日　午前/後　　時　　分		
死亡の場所		東京都　　区　　丁目　　番　　号		
火葬の場所		火葬場		
申請者	住所			
	氏名	㊞	死亡者との続柄	

平成　　年　　月　　日

本許可証受領しました。　㊞

出します。この申請書には火葬の場所を記入するので、火葬場の予約をしてから行います。

火葬する場所は、日本国内の火葬場であればどこでもかまいません。ただし、火葬時刻は死亡時刻から二四時間以上経過してからでなければ許可されません。

「死体火葬許可証」は申請時にその場で交付されるので、火葬する前に火葬場の受付に提出します。

この許可証は、火葬終了後に「埋葬許可証」として返却されます。埋葬許可証は、遺骨をお墓に埋葬するときに提出が義務付けられているので大切に保管します（五年間の保存義務がある）。

❸危篤と臨終

大切な家族が最期を迎えたら

◎危篤

医師から危篤状態であることを告げられたら、家族は親族や最期のお別れをしてもらいたい人に連絡をとります。動揺のなかで、なかなか落ち着いて行動はとれないものですが、家族で助け合いましょう。

危篤を知らせる親族の目安は、一般的に本人の三親等（おい・めい、おじ・おば）ぐらいまでといわれていますが、日頃のつきあいがなくても、遠方で臨終に間に合いそうになくても一応連絡を入れましょう。友人・知人は、とくに親しかった方だけに連絡します。誰に連絡するかは、危篤者本人の身になって考えることがいちばん大切です。

また、キリスト教では危篤状態になったときに神父や牧師を迎え、やすらかに天に召されるよう祈りを捧げてもらう場合もあります。

連絡は、深夜や早朝でも電話で行います。危篤者と自分との関係と簡単なあいさつを述べてから、以下の要点を簡潔に伝えます。

①危篤者の病状

②もし来られるなら来ていただきたいというお願い

③危篤者のいる場所（病院名と住所・電話番号、病院の科名、病室）

④こちらの連絡先（携帯電話等）

連絡したい人が不在の場合は、折り返し連絡をいただけるように伝言を頼みます。

電話で連絡のとれないときは、電報やファクスを使います。電報はＮＴＴの電報サービスセンター「１１５」番に申し込みます。電文は「緊急定文電報」の定形文がありますので、オペレーターにたずねるとよいでしょう。

現在は八割以上の人が病院で息を引き取ります。ただ、自宅で療養中に容態が急変したり、突然倒れる場合もあります。そのときは、至急かかりつけ医に連絡するか、緊急通報用電話番号「１１９」番で救急車を呼びます。そこで予断を許さない状況であると告げられたら、付き添う人、危篤の連絡をする人など家族で役割を決めて行動します。

連絡をし終えたら家族は危篤者を見守り、親族や友人・知人が駆けつけてくれたら対面してもらいます。

◎臨終

臨終に立ち会うことは残された者にとって大きな悲しみです。しかし、故人がやすらかに旅立てるように、家族が手をとりあって静かに対応したいものです。

医師から臨終を告げられたら、看護師が末《まつ》期《ご》の水を用意してくれます。本来は亡くなる前に行うものですが、現在は死亡確認後に行うのが一般的です。

割り箸の先に巻いた脱脂綿に水を含ませて、故人の唇《くちびる》をうるおします。臨終に立ち会った人全員が順番に行います。

末期の水は本来、臨終に際しての日本の儀式です。キリスト教などでは行いませんが、家族の考えにより行う場合もあります。もし、行わなくてもよいのであれば、看護師にその旨を伝えましょう。

末期の水を終えたら「清拭《せいしき》」といって遺体を清めます。病院では看護師が全身を拭《ふ》いてくれます。そのあとに、耳、鼻、口、肛門などに脱脂綿を詰めるなど遺体の処置をしてくれます。納棺の前に遺体を拭き清める「湯灌《ゆかん》」（64頁参照）も清拭と同じ意味です。

それから、死化粧《しにげしょう》をします。男性ならひげを剃《そ》り、女性には薄化粧をほどこしてくれます。その間、遺族は病室の外で待機しますが、清拭や死化粧の手伝いを申し出てもよいでしょう。地域によっては死化粧を行わないところもあります。

死化粧ができたら、新しい浴衣を着せます。故人が生前好きだった衣服を用意すれば、看護師が着替えをさせてくれます。

故人が臓器提供や献体の意思表示をしてい

た場合は、家族の承認が得られた場合にのみ、提供が可能になります（80頁参照）。

遺体の処置が済んだら、遺体をいったん病院の霊安室に移動させます。じつは、この遺体の処置をしているときからお葬式の実務は始まっています。

遺体の搬送は速やかに行う

病院の霊安室で遺体を預かってくれるのは病院によって異なりますが三～四時間です。その間に、遺体をどこに安置するか、どこの葬儀社に搬送を頼むかを決めなければなりません。

病院と提携している葬儀社

病院としてはできるだけ早く遺体を搬送してもらうために、特定の葬儀社と提携しています。遺体が病院の霊安室に運ばれると、すぐに病院と提携している葬儀社の人が現れ、遺体の搬送を申し出るでしょう。

その葬儀社の目的は、その後のお葬式を引き受けることにあります。もちろん、その葬儀社に搬送を依頼する必要はありませんが、葬儀社が決まっておらず、自宅に安置するのであれば、病院提携のその葬儀社に頼めばよいでしょう。搬送料金はどの葬儀社に頼んでもそれほど変わりません。10キロ以内で2万～3万円ほどです。

搬送してもらったあと、その葬儀社にお葬式を依頼する義務はありませんので、搬送時の様子を見て、葬儀社選びの候補のひとつにすればよいでしょう。

また、死亡診断書の受け取り、入院中の病室の荷物の整理、医師や看護師へのあいさつなども済ませます。入院費用は後日の精算が一般的です。

遺体を安置する場所は、自宅が一般的です。しかし、住宅事情によっては自宅に安置できない場合もあります。そのときは、葬儀を行う斎場の霊安室や火葬場に併設されている霊安室などに遺体を一時的に預かってもらうことになります。その場合は、納棺した状態で預けます。

つまり、自宅以外に安置する場合は、病院にいるわずかの時間に、納棺から斎場の決定（葬儀社選び）まで行うことになります。

お葬式を依頼する葬儀社が決まっていない場合は、病院と提携している葬儀社に遺体の搬送のみを頼むのがよいでしょう。

●臨終直後にすること

- ごく身近な人への死亡の連絡
- 死亡診断書の受け取り
- 遺体の搬送の手配
- 宗教者への連絡（遺体搬送後でもよい）

遺体はできるだけ静かな部屋に安置する

寝台自動車によって自宅に搬送された遺体は、納棺までの間、布団に寝かせます。安置する場所は、できるだけ静かで、弔問に駆けつけた方が対面しやすい部屋にしましょう。

●枕飾り

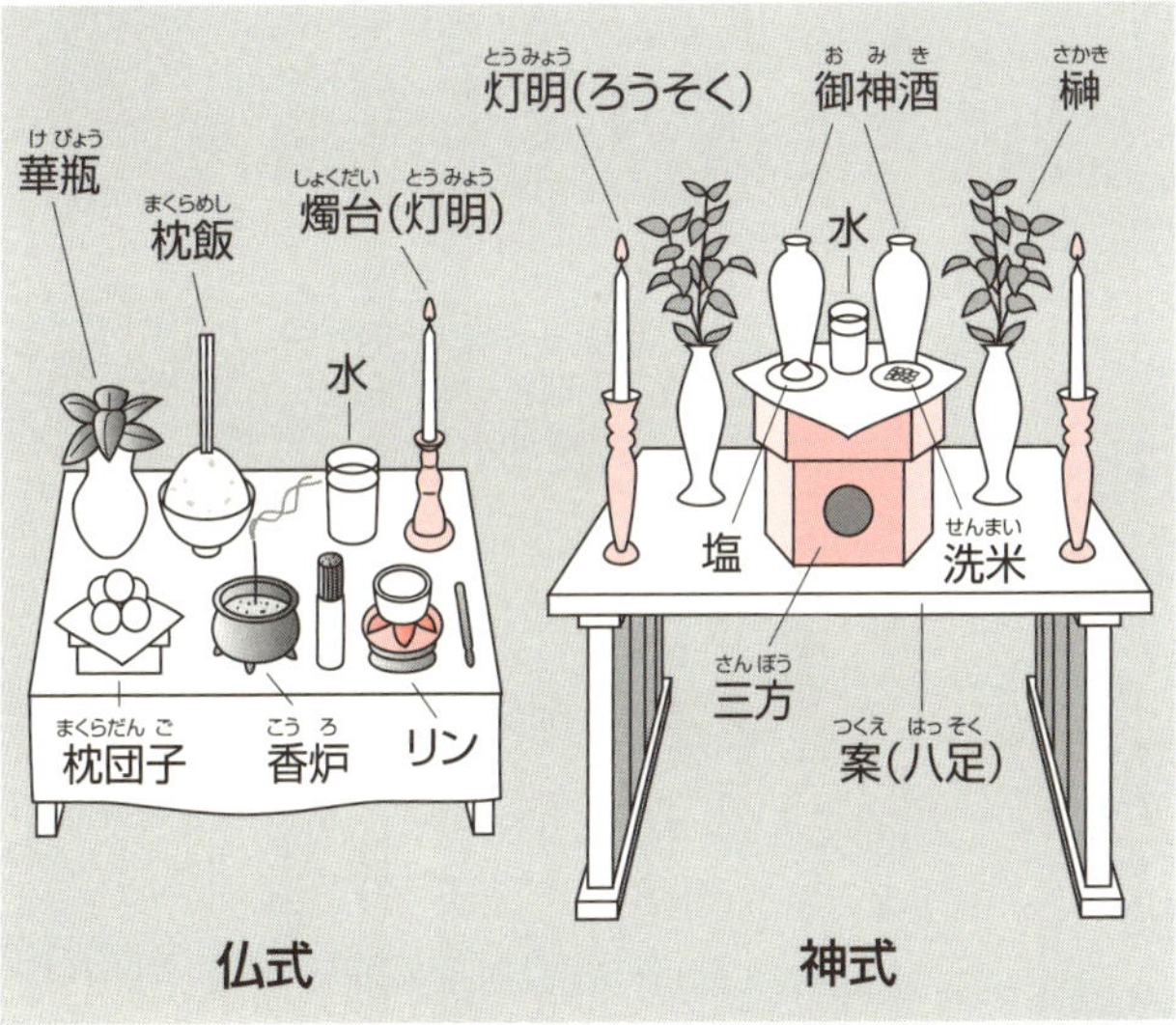

遺体は、仏教や神道では「北枕」といって頭を北にして足が南を向くようにします。間取りの都合でできないときは、こだわらなくてもかまいません。北枕にするのは、仏教の宗祖であるお釈迦《しゃか》様が亡くなったときの状態になっています。

キリスト教では向きにこだわりません。

布団は故人が使っていたものでかまいませんが、シーツは清潔なものにします。遺体の損傷を避けるためにドライアイスを入れるので、冷気が逃げないように厚手の掛け布団にします。

遺体を安置したら、故人の枕元に供養のための枕飾りを設置します。小机に白い布をかけ、その上に各宗教のしきたりに合わせたものを置きます。

仏式の場合は、三具足（燭台《しょくだい》・香炉《こうろ》・華《け》瓶《びょう》）とリン、水、枕飯《まくらめし》、枕団子《まくらだんご》などを前頁の図のように配置します。枕飾りは葬儀社が用意してくれるのが一般的ですが、お葬式を依頼する葬儀社を決める前は、とりあえず枕元に仏壇の三具足などを配置しましょう。

枕飾りを整えたら、枕経《まくらぎょう》をあげてもらうために菩提寺《ぼだいじ》の住職を迎えるのが正式ですが、最近では菩提寺がない人も多く、枕経は省略されることが多くなりました。

神式では「枕直しの儀」といいますが、神官を呼ばずに家族だけで祈りを捧げるのが一般的です。キリスト教では危篤時に神父や牧師を迎えて祈りを捧げるので、遺体を安置したときにとくに儀式は行いません。

遺体の安置直後にすること

無事に遺体を安置してからが、お葬式の準備の本格的な始まりです。短時間にさまざまなことを同時進行でやらなければならないので、遺族が手分けをして行います。

近所の人や知人の手を借りる場合は、このタイミングでお願いしましょう。やらなければならないことは左頁の表のとおり。

お葬式のプランをたてるときは、故人の希

望を尊重しながら、また残された家族が話し合って故人をどのように送りたいのかをイメージしましょう。

　お葬式の大まかなプランでは、まず日程の希望と葬儀のかたち、行う場所を考えます。仏式、神式、キリスト教式などの宗教葬か、無宗教の自由葬にするかということです。それからお葬式の規模を考えます。一般的なお葬式なら参列者の人数を予測し、家族葬のように近親者だけで行うならその人数を把握します。式場は、斎場、お寺などの宗教施設、地域の公民館や集会所、自宅などが考えられます（51頁参照）。

　一般的な宗教葬を行う場合は、宗教者（僧侶や神官、神父・牧師など）にできるだけ早く連絡します。そして、お葬式の日程を決めるために、都合を聞いておきます。仏式では戒名（66頁参照）もこのときにお願いしておきます。菩提寺等がない人は、葬儀社に宗教（宗派）を伝え、宗教者を依頼します。

　その他への死亡の連絡は、すぐに死亡を知

●遺体の安置直後にすること

- お葬式の大まかなプランを描く
- 宗教者への連絡
- 死亡の連絡
- 依頼する葬儀社を考える
- 遺影の準備
- 現金の準備

らせる人とお葬式の日程が決まってから知らせる人にグループ分けします。すぐに連絡すべき人は、危篤時に連絡したが臨終に立ち会えなかった人、近親者、故人の勤務先などです。ふだんから連絡先のリストを作っておけば慌てずにすみます。

電話連絡では、故人と自分との関係と簡単なあいさつを述べてから、以下の要点を簡潔に伝えます。

①死亡時刻と死因
②葬儀日程は決まり次第連絡する旨
③ほかに伝えてほしい人がいればお願いする
④こちらの連絡先

本人が不在の場合は、伝言をお願いします。

●遺影写真の選び方

- 故人や家族が気に入っているもの
- 表情は、すましているものよりも穏やかな笑顔のほうがよい
- できるだけ顔が大きく写っているもの(集合写真でも可)
- 人物にピントが合っているもの(背景にピントが合っている写真もある。屋外で撮影した写真のほうがよい場合が多い)
- プリントは光沢写真を選ぶ(絹目写真は引き延ばすと画像が荒れる)
- デジタル画像は100万画素以上のデータがよい(携帯電話の画像はピントが合っていないことが多い)

遺影写真は、どのようなお葬式でも必要になりますので早めに選んでおきましょう。

そしていちばん問題になるのは現金の準備で故人の預貯金を使う場合です。金融機関は故人の死亡がわかった時点で故人名義の預貯金を凍結してしまうので、遺産相続が完了するまで現金が引き出せなくなります。

もし、お葬式費用や当面の生活費などを故人の口座から引き出す必要があるなら、存命中に引き出しておくべきでしょう。ただ、実際には故人の口座からキャッシュカードで現金を引き出す遺族もいるようです。

死亡届の提出と金融機関は連動していないので、提出を遅らせる必要はありません。

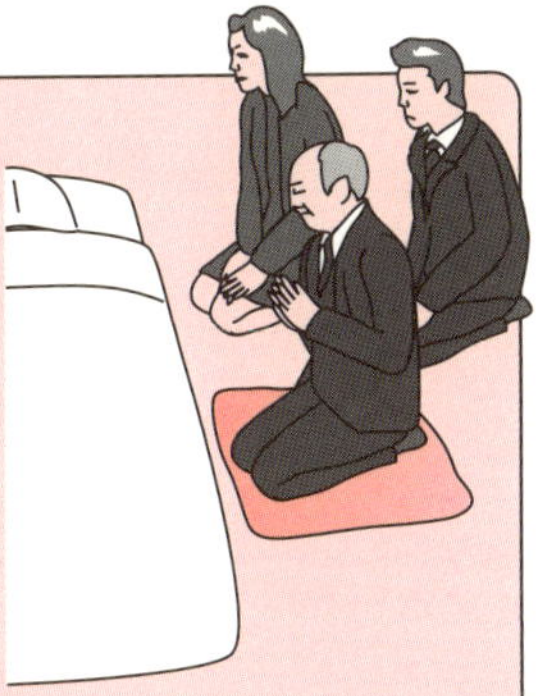

通夜前の弔問客への応対

訃報を聞いて駆けつけてくれた弔問客には、喪主や遺族が故人のそばにいて応対をします。玄関に出迎えたり、見送る必要はありません。

①駆けつけていただいたお礼

②故人の亡くなったときの状況

③生前にお世話になったことに対するお礼

などを簡潔に述べます。

故人との対面は、遺族の側から弔問客に「お別れをしてやっていただけませんか」と申し出ます。対面される場合は、遺族が故人の顔にかけてある白い布を引き上げましょう。

❹ 葬儀社選び

葬儀社に連絡する前の事前準備

葬儀社選びをする前に、喪家《そうけ》側の希望や要望をまとめておくことがとても大切です。それがないままに葬儀社と打ち合わせをすると、相手の言うがままにさまざまなことを決めてしまい、後々まで不満を残すことにもなりかねません。

以前は「価格が不明朗だ」「適正価格がわからない」といわれた葬儀費用ですが、最近は多くの葬儀社が細かな見積書を発行し、追加料金についても説明してくれ、明朗会計になっています。ですから、喪家側のお葬式プランがはっきりしていれば、納得できるお葬式の実現は難しいことではありません。

まずは喪主を決め、喪主が中心となってお葬式のプランを描きます。そして、要望などを忘れないようにメモしておきましょう。

葬儀社を探す方法は、電話帳やインターネット、菩提寺の紹介などがあります。近所でお葬式をした方に聞いてみるのもよいでしょう。遺体を搬送してもらった葬儀社も候補のひとつに入るかもしれません。

葬儀業者は大きく四種類に分けられ、それぞれ特徴があります(42頁参照)。このなかで「冠婚葬祭互助会」は、故人や家族が生前に契約し葬儀費用を積み立てておくものです。

ただし、積立金だけで葬儀費用をすべてまかなえるわけではなく、葬儀内容や追加費用に関してはどのくらいかかるのか、事前に確認しておきましょう。

●事前準備のポイント

1. 喪主を決める
2. 故人の遺志を調べる
   - 遺言はあるか、葬儀費用積立方式の冠婚葬祭互助会などに入っていなかったか、お葬式の生前予約をしていなかったか、など
3. お葬式のかたちを決める
   - 宗教葬か無宗教葬か、家族葬、お別れの会、など
4. 日程を考える
5. 遺族・親族の名簿を作る
6. 参列者の人数を予測する
   - 故人の仕事関係・友人関係、喪主や遺族の仕事関係・知人関係など
7. 式場の希望を考える
8. おおまかな予算を考える
   - 多少お金がかかっても華やかに送りたい、一般的ながらなるべく節約したい、できるだけこぢんまりとお金をかけずにやりたい、など
9. こだわりたいことを考える
   - 祭壇を生花で飾りたい、故人の趣味の品を展示するスペースを作りたいなど
10. 不明点をメモする
   - 僧侶へのお布施の相場、心づけはどうするか、葬儀費用の支払い方法、遠方からの参列者の宿泊先、など

●葬儀業者の種類と特徴

● 葬儀専門業者(いわゆる葬儀社) 葬儀業者のなかではもっともポピュラー。地元密着型の業者から全国展開している業者までさまざま。病院提携の葬儀社もここに入る会社が多い。地元で長く営んでいる業者は、地域の慣習に詳しい。自社で斎場を運営している業者とそうでない業者がある。

● 農業協同組合(JA) 全国のJAが行う葬儀サービス。自社で葬儀事業を行っているところ、葬儀専門業者への業務委託あるいは紹介のみ、とサービス内容は異なる。JAの組合員以外でも利用できる。

● 生活協同組合(生協) 組合員が対象。提携する葬儀専門業者が葬儀を担当するところが多い。料金体系が明瞭なのが特徴。

● 冠婚葬祭互助会 一定金額を冠婚葬祭費用として毎月積み立てるシステム。サービス内容は各互助会により異なる。契約した互助会が万一倒産した場合は、積立金の半額は保全される。

よい葬儀社選びのコツを知る

大まかなお葬式のプランがまとまり、ある程度葬儀社の当たりがついたら、いくつかに電話をかけて相談をし見積を依頼します。

見積依頼は発注ではありません。あくまでも検討資料をもらうというつもりで依頼しましょう。電話での要望を伝えるだけで見積をファクスやメールで送ってくれる葬儀社もありますし、近くであればすぐに来てくれる葬儀社もあるでしょう。いずれにしても複数の葬儀社から見積をとりたいものです。

見積依頼時の電話の応対も葬儀社選びのポ

イントになります。見積書を出すのをいやがるようなところは論外ですが、お葬式が小規模で利益が上がらなそうだとがっかりした口調になるような業者も避けるべきでしょう。

葬儀社が決まったら細かいお葬式の打ち合わせに入ります。

●葬儀社選びのポイント

- 対応がていねい。小規模な葬儀でもぞんざいな態度をしない
- 店舗があり、長年営業している
- 地元で評判がいい
- わかりやすいパンフレットがあり、料金体系が明確に出ている
- これまでの行った葬儀の写真などを見せてくれる
- 希望やこだわりをじっくりと聞いてくれ、案を出してくれる
- 見積書の内容をていねいに教えてくれる
- 広い式場や高い祭壇などランクアップを押しつけない
- 不明点の質問にわかりやすく説明してくれる
- 契約を急がせない
- 葬祭ディレクターがいる

葬祭ディレクターとは

厚生労働省認定の民間資格です。「葬祭ディレクター技能審査」によって、葬祭業界に働く人にとって必要な知識や技能のレベルにあると認められた人で、1級と2級があり、現在までに全国で1万8000人以上が資格を得ています。

葬儀業者は許可制や認可制ではないので、誰でも葬儀業者を開業できます。そのため、葬祭ディレクターがいることが、葬儀社選びの目安のひとつにはなるでしょう。

❺ 葬儀費用と葬儀社との交渉

お葬式にかかる費用は大きく四つに分けられる

お葬式にはいったいいくらかかるのか――喪主や遺族にとっていちばんの心配の種です。

参考までに、日本消費者協会公表の「葬儀についてのアンケート調査・二〇〇七年版」によると、お葬式にかかった費用の全国平均額は二三一万円でした。その内訳は、

①葬儀一式費用　一四二・三万円
②参列者への飲食接待費　四〇・一万円
③寺院への謝礼　五四・九万円

となっています。この①～③はお葬式にかかる三大費用といわれています。

ただ、このほかに葬儀後の「香典返し費用」がかかります。

香典返しは香典をいただいた方にお返しする品ですから、正確には葬儀費用ではなく、香典収入からの支出という位置付けになります。しかし、多くの方は香典収入を葬儀費用にまわして使っているので、お葬式にかかる費用を考えるときは、香典返しも含めた四大費用として考えるべきでしょう。

日本消費者協会のアンケート調査では、葬

儀費用はここ一〇年ほど横ばいとなっています。しかし、都会を中心に費用のあまりかからない密葬や家族葬、葬儀自体を行わず火葬するだけの直葬も増えていて、お葬式の単価が下落していると業者はいいます。

●お葬式の四大費用

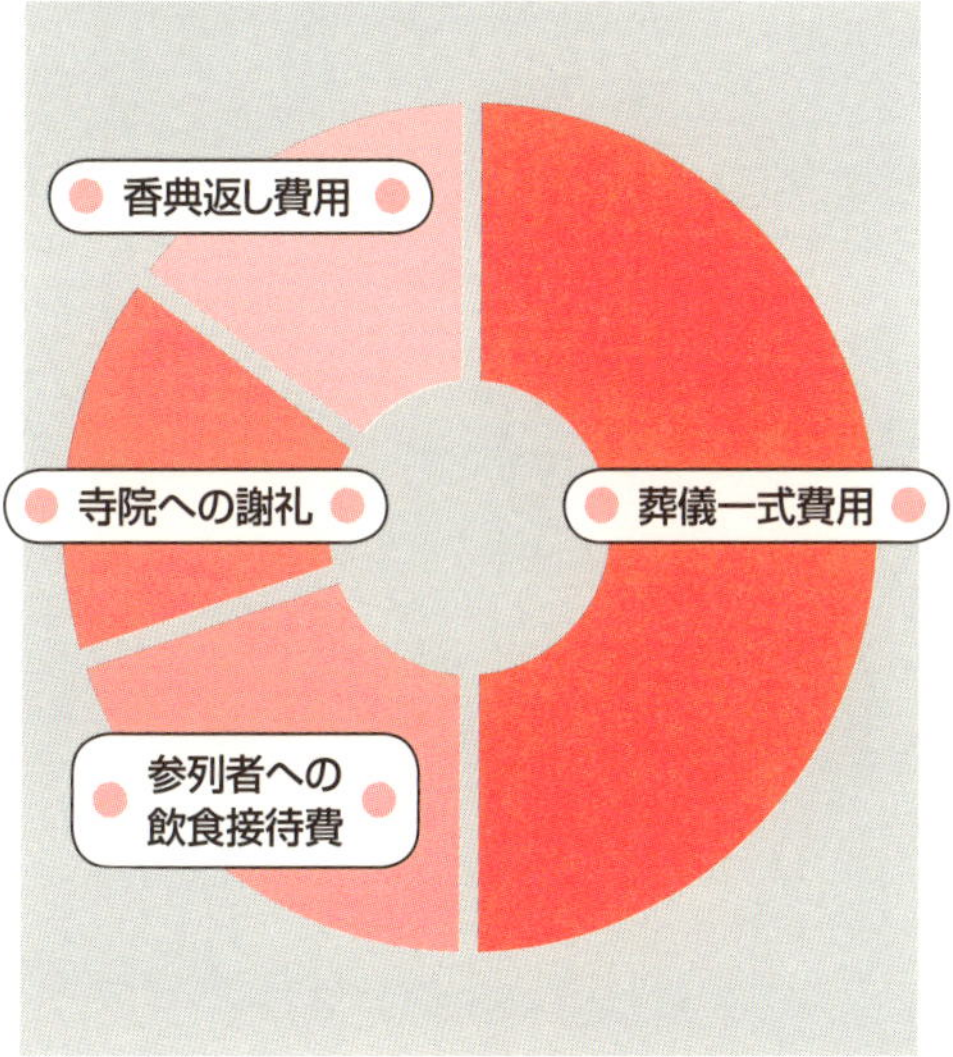

お葬式の総費用は、参列者の人数で大きく変わります。参列者が多ければ、広い式場が必要ですし、それに見合った大きな祭壇を飾ることになります。また、飲食接待費や香典返しの費用もかさみます。そのためにも、参列者の人数をあらかじめ予測しておくことは大切です。

参考までに、編集部が試算したところ、親族三〇名・参列者七〇名の一般的なお葬式で、総額二五〇万～二八〇万円となりました。もちろん、内容にはそれぞれランクがありますので、節約できるところもあります。

前述のとおり、お葬式は支払いばかりではなく、参列者からいただく香典収入もあります。収入と支出を合算して懐《ふところ》を考えましょう。香典の金額は、地域にもよりますが一人平均六〇〇〇円程度と考えておけばよいでしょう。

費用の内訳と支払先を知っておく

お葬式費用は実際に何にどのくらいかかり、それをどこに支払うのか、具体的に見ていきましょう。

大きく分けると、

●「葬儀社へ支払う葬儀基本費用」
●「葬儀社が立て替える実費費用」
●「お寺などに納めるお布施」
●「香典返し」

となります。

忌明《きあ》け後の香典返しを簡略化して葬儀当日に渡す「即日返し」にする場合は、葬儀社に依頼することになります。なお、通常の香典返しは、自分でデパートやギフトショップに注文する方が多いようです。

また、僧侶などの宗教者を葬儀社に依頼する場合でも、「葬儀社が立て替える費用」にお布施は入りません。直接、僧侶に渡します。

「葬儀費用一式〇〇万円」と広告に書かれていますが、それは「葬儀社へ支払う葬儀基本費用」（あるいはその一部）のことです。つ

●お葬式費用の目安

	項目	費用の目安	備考
葬儀社へ支払う	祭壇一式	30万～150万円	生花祭壇は3割増し
	棺	8万～20万円	標準は8万～10万円程度
	受付備品	1万～2万円	机、椅子など
	看板	2万～3万円	
	人件費	15万～30万円	納棺、式場設営、葬儀進行等
	枕飾り壇	1万～2万円	
	後飾り壇（中陰壇）	1万～2万円	
	ドライアイス	8000円～1万円／1日	
	遺影写真	2万～４万円	カラー四つ切り、額つき
葬儀社が立て替える	式場使用料	0～50万円	
	火葬料	0～5万円	自治体による
	火葬場控え室使用料	0～3万円	
	骨壺	1万～5万円	火葬場で購入する場合が多い
	会葬礼状	80～120円／1枚	
	会葬返礼品	800～1500円／1セット	
	遺体搬送	2万～3万円／1台	
	霊柩車・マイクロバス	3万～5万円／1台	
	貸し布団	1組3000～4000円／1セット	遺族・親族が斎場に泊まる場合
	心づけ	3000～5000円／1人	運転手、配膳人など
寺院などに納める（お布施）	読経料	20万～30万円	総額（枕経、通夜、葬儀、還骨・繰り上げ初七日法要）
	戒名料	10万～50万円	ランクによる
	お車代	5000円～1万円／1回	送り迎えをする場合は不要
	お膳料	5000円～1万円／1回	飲食の席に出ていただいたら不要
飲食・接待費	通夜ぶるまい	4000円前後／1人	飲み物含む
	火葬場での飲食費	1万～3万円	
	精進落とし	4000～7000円／1人	飲み物含む
葬儀後	あいさつ回り（菓子）	2000～3000円／1件	
	香典返し	香典額の3～5割	

●お葬式の見積書の例

ご会葬予定者数：100名様（ご親族30名様　一般会葬者70名様）
式場　△△メモリアルホール　火葬場　○○斎場

摘要	仕様・数量	金額
生花祭壇（横幅 240cm）		400,000
受付・看板類一式		70,000
病院お迎え（10km まで）	1 回	18,000
ご遺体用	1 枚	3,000
	@8,000 × 2 日	16,000
		15,000
カラー四つ切（額付）		35,000
桐八分棺、納棺代込		100,000
		3,000
	1 回	30,000
		15,000
		20,000
		10,000
設営・式進行 病院お迎え・火葬場随行等		250,000
小計（985,000 円のところセット料金にて）		860,000
△△メモリアルホール	2 日間	260,000
○○斎場		45,000
		20,000
ご自宅→斎場（10km まで）	1 回	18,000
24 人乗り	1 台	40,000
追加	@8,000 × 1 日	8,000
二つ折り	@100 × 100 枚	10,000
ハンドタオル	@800 × 100 セット	80,000
即日返し（カタログギフト）	@3,000 × 100 セット	300,000
配膳人、運転手など	3,000 円× 8 人	24,000
		小計 805,000
	@2,500 × 80 人	200,000
	@4,000 × 35 人	140,000
		20,000
総額の概算		80,000
		小計 440,000

見積合計2,105,000円

※会葬礼状・会葬返礼品・香典返しは概算となります。
※寺院等へのお布施・お車代は別途ご用意ください。

お見積書

一般葬(仏式)一式

	項目
一般葬基本プラン	祭壇
	装飾
	寝台自動車
	防水シーツ
	ドライアイス
	枕飾り壇
	ご遺影
	棺
	白木位牌
	霊柩車
	骨壺
	後飾り壇
	役所への届出代行
	人件費
その他諸費用（基本プランに含まれないもの）	式場使用料
	火葬料
	火葬場待合室
	寝台自動車
	マイクロバス
	ドライアイス
	会葬礼状
	会葬返礼品
	香典返し
	心づけ
飲食・接待費（概算）	通夜ぶるまい
	精進落し
	火葬場での茶菓・お飲み物
	お飲み物

まり、それ以外にかかる「葬儀社が立て替える実費費用」「お寺などに納めるお布施」などは入っていないと考えておきましょう。

葬儀社によって「葬儀費用一式（基本セット）」の内容がまちまちなので、総額の見積をしっかりチェックしなければ、あとで思ってもいなかったことに追加支払いが生じたということにもなりかねません。

右は、一般的なお葬式の見積書の例です。

それぞれの説明はあとで述べますが、一般的なお葬式におけるざっくりとした費用がおわかりいただけるでしょう。

打ち合わせでの不明点はその場で解決

葬儀社との打ち合わせでは決めることがたくさんあります。それも、わずか一～二時間で決めていくのです。葬儀社の担当者がリードしてくれますが、なんでもお任せにしてしまうと、思っていたより費用がかさんでしまったということにもなりかねません。

また、どのような場合に追加の支払いが生じるのかなどをしっかりと聞いておかなければなりません。

打ち合わせには喪主のほかに誰かが同席するようにしましょう。きょうだいや親族に経験者がいれば心強いものです。

●葬儀社との打ち合わせで決める主な内容

- 遺影写真
- お葬式のかたち
- 規 模
- 日 程
- 式 場
- 祭壇のランク
- 供花、花輪
- 式の進行
- 霊柩車、マイクロバスなど
- 会葬礼状・返礼品
- 通夜ぶるまい、精進落とし（人数）
- 親族の宿泊
- 予 算

そして、打ち合わせしたことはできるだけメモしておきます。ただでさえ気持ちが不安定なときですから、担当者に言われたことが耳に入っていない場合もあります。

式場と日程を調整しながら決める

打ち合わせの第一歩は、式場（斎場）と日程を調整して決めることです。それには以下の調整が必要です。

①宗教者の都合を聞く
②斎場の空いている日を聞く
③火葬場の空いている日を聞く
④遺族や親族の都合を聞く

●式場の種類と特徴

民間斎場	設備がととのい、きれいなところが多い。利用料が高い。
葬儀社の斎場	葬儀社を選べないが、自社の斎場なのでいろいろ融通が利く。利用料が高い。
公営斎場	利用料が安い。いつも込んでいるので希望日時に予約しづらい。宿泊できない施設が多い。
火葬場併設の斎場	火葬場への移動がないため、安く楽に行える。そのため人気が高く、いつも込んでいて何日か待つ場合もある。
寺院斎場	そのお寺の檀家であれば比較的安く利用でき、住職がいるので安心。檀家でなければ、宗教や宗派が制限される場合もある。
地域の公民館など	利用料が安い。設備がととのっていない施設が多く、不便な部分も多い。

①の宗教者と④の遺族・親族の都合は、喪《そう》家《け》側で事前に聞いておきます。

式場は、自宅にするか自宅以外か（斎場やお寺など）に大別できます。自宅で行う場合のメリットは、故人を自宅から送り出してあげられるという安心感と式場使用料がかからないことです。ただし、お葬式前後の片付け、近隣への気づかい、駐車の問題など遺族には負担がかかります。住宅事情もあり、近年はほぼ九割が自宅以外でお葬式を行っています。

自宅以外の式場は、上の表のとおりです。葬儀社が所有する斎場を利用する場合は、その葬儀社に葬儀を依頼することになります。それぞれメリットとデメリットがあるので、特徴を把握しておきましょう。

お葬式の日程を決める目安は右の表を参考にしてください。亡くなった当日に家族だけで仮通夜を行い、翌日に通夜、翌々日に葬儀・告別式と火葬という日程が多いようです。

近年は火葬場不足といわれ、火葬待ちのためにお葬式の日程を調整するという場合もあります。また、友引《ともびき》の日を休業とする火葬場も多いので、注意が必要です。こちらも、葬儀社が把握しています。

いずれにしても、こちらの希望を葬儀社に伝えて、調整してもらいます。

●臨終時刻によるお葬式の日程例

		①	②	③	④
臨終の日	午前	臨終	臨終		
	午後	枕経	枕経	臨終	臨終
2日目	午前	納棺			
	午後	通夜	仮通夜	納棺→通夜	仮通夜 枕経
3日目	午前	葬儀・告別式→火葬	納棺	葬儀・告別式→火葬	
	午後	還骨法要	通夜	還骨法要	納棺→通夜
4日目	午前		葬儀・告別式→火葬		葬儀・告別式→火葬
	午後		還骨法要		還骨法要

※臨終後24時間以内は火葬できません。
※葬儀・告別式に先立って火葬（前火葬）する地域もあります。
※斎場やお寺の都合により日程を繰り延べる場合があります。

「葬儀一式」料金の内容を確認する

前述のとおり、葬儀社がいう「葬儀費用一式（基本セット）」の内容は各社各様です。47頁の表の「葬儀社に支払う費用」の部分をすべてカバーしているセットを用意している葬儀社もあれば、〔祭壇、装飾、人件費、白木の位牌、自宅用後飾り壇〕だけを「基本セット」と呼んでいる葬儀社もあります。

そして、セットの中身が個々に変更可能かも確かめましょう。たとえば、棺《ひつぎ》だけはセットの標準の桐《きり》製のものではなく、高級な彫りが入った樅《もみ》製の棺で送ってあげたい、という場合などに対応してくれるかということです。

また、セットにドライアイスが付いている場合は、何日分が料金内で、追加は一日分に付きいくらかといったことも、確認しておきましょう。

祭壇の金額は総予算から逆算する

葬儀費用のなかで大きな部分を占めるのが祭壇に対しての費用です。逆にいえば、お葬式にかかる費用のなかで、調整ができるものは祭壇と棺ぐらいだと思っておいたほうがよいでしょう。会葬者がいらっしゃれば食事を出さないわけにはいきませんし、手ぶらで返

●祭壇

白木祭壇

生花祭壇

すわけにもいきません。

棺、骨壺、斎場（式場）使用料、飲食・接待費用、会葬礼状・返礼品等かかる費用をまず抑えたうえで、逆にどのくらい祭壇（装飾）に費用をかけられるか検討するのがよいでしょう。

仏式では白木祭壇がポピュラーですが、若い女性などが亡くなった場合には生花祭壇にすることがあります。また、キリスト教式や無宗教式の場合に生花祭壇が使われます。

生花祭壇の場合は、白木祭壇に比べて同じぐらいの大きさであれば3割ほど割高になります。総予算や懐具合と相談して無理のない範囲で選ぶとよいでしょう。

また、祭壇の大きさが式場に比べて小さいようなら、親族などに祭壇脇に生花を出していただくように依頼して、全体でにぎやかに見せるのもひとつの方法です。生花祭壇の場合は、いただいた供花《きょうか》で祭壇全体のボリュームアップを図ることもできます。

祭壇（装飾）については、葬儀費用の総予算からどのくらいが支出できるか逆算して考えるとよいでしょう。

棺と骨壺のランクは素材のちがい

棺には、合板棺と天然木材（桐《きり》、樅《もみ》、檜《ひのき》など）の木製棺があります。また、合板では布張りのものもあります。値段は八万円程度から、檜の総彫刻棺の三〇〇万円を超えるものまでさまざまです。標準的なものは、桐製で八万～一〇万円程度です。

骨壺を持ち込み不可の火葬場も多く、火葬料に含まれているか否かはさまざまです。

骨壺はほとんどが陶器製です。値段は一万～二万円程度で、骨壺と骨壺を入れる骨壺覆いがセットになっています。なかには青磁や大理石製の四万～五万円するものもあります。

分骨する場合は、分骨用の骨壺（三〇〇〇円前後）が必要です。あらかじめ葬儀社に伝えておけば手配してくれます。分骨した場合は、火葬場で分骨証明を発行してくれます。

エコな棺で旅立ち…

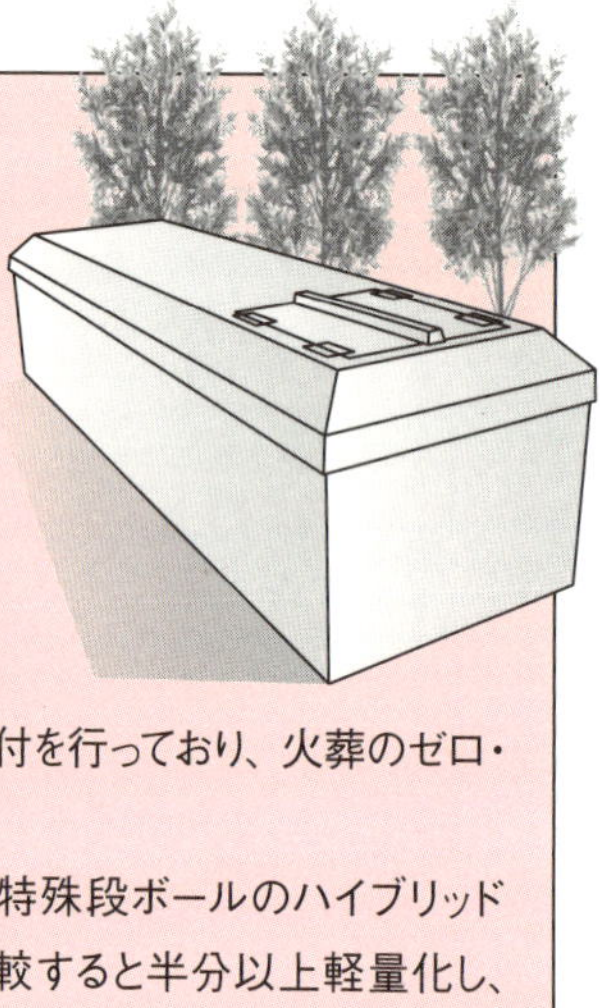

最近では環境にやさしい棺《ひつぎ》も登場しました。ウィルライフ社（東京・千代田区）が開発した特殊段ボールを主材にしたエコ棺です。

同社は、火葬で排出される温暖化ガスの吸収のために、この棺が1棺売れるごとに10本分の植林寄付を行っており、火葬のゼロ・エミッション化を提唱しています。

さらに同社では国内の間伐材と特殊段ボールのハイブリッド化に成功。従来の天然檜《ひのき》棺と比較すると半分以上軽量化し、燃焼時間も短縮されます。

受付で手渡す会葬礼状と返礼品

通夜や葬儀・告別式の帰りに受付で手渡されるのが、会葬礼状と会葬返礼品です。

会葬礼状の文面は、定型文が用意されているので、そこから選ぶことができます。もし心をこめた自分なりの文面にするなら、遅くとも通夜前日の朝までに考えます。

印刷枚数は参列者の見込み人数より多めに注文します。一般的な二つ折りの礼状で一枚一〇〇円前後です。

会葬返礼品は、ハンカチ、海苔《のり》、お茶、プリペイドカードなどが多く、八〇〇〜一五〇〇円程度が一般的です。

また、最近では「即日返し」といって香典返しを簡略化し、香典の金額に関係なく同じ品物（二五〇〇〜三五〇〇円程度）を渡すという方法も多くなりました。

即日返しの品は、デパートやギフトショップなどで自分で購入してくることもできます。ただ、葬儀社で品物を依頼した場合は多めに用意しても返品可能ですが（不可の品もある）、自分で用意した場合はそれができないので注意が必要です。

即日返しをした場合、高額の香典をいただいた方には、忌明け後に改めて香典返しの品を送るのがよいでしょう。

香典返しの相場は「半返し」とか「三割返し」などといわれています。ですから、即日返しをした場合は、忌明け後のお礼は目安として二万円以上の香典をいただいた方にだけにするなどがよいでしょう。

通夜ぶるまいと精進落とし

通夜の参列者に酒食で感謝の気持ちを伝えるのが通夜ぶるまいです。

参列者の人数が確定できないので、料理の内容は、オードブル、寿司、サンドイッチなどを大皿に盛り込むかたちのものが多いようです。予想される参列者数の約七割分の料理

会葬礼状に「清めの塩」を付けるか?

会葬礼状に、小袋に入った「清めの塩」が付いている場合があります。塩はもともと、不浄のものを清めるといわれ、神道《しんとう》では死を穢《けが》れとし、塩や水で清めるという作法があります。これらの考え方が小袋に入った清めの塩となり、習慣化したようです。

しかし、仏教では死を穢れととらえません。なかでも浄土真宗は「清めの塩は使わない」とはっきりとうたっています。そのため最近は会葬礼状に清めの塩を付けないケースが増えてきました。付けるかどうかは喪家《そうけ》の判断によりますが、迷ったら地域の習慣に従えばよいでしょう。

ちなみに神式のお葬式では、清めの塩が必要です。

を用意すれば十分です。

料理は一人前四〇〇〇円前後です。飲み物は飲んだ分だけをあとで精算するのが一般的です。

通夜ぶるまいに用意する料理の量は式場の広さや地域性によって異なりますので、葬儀社とよく相談しましょう。

通夜ぶるまいを行わない場合は、「粗供養品」として、お酒の小瓶《こびん》や助六弁当などを渡すのが一般的です。

精進落《しょうじんお》としは、還骨法要・繰り上げ初七日法要後に、僧侶、お葬式で世話になった人たち、親族などに供する料理です。

こちらは人数が把握できるので、銘々に料理を配膳します。斎場や料理店で行うことが多く、一人前五〇〇〇円前後です。

また、火葬場の控え室で待機している間、火葬場まで来てくださった方にお茶やお酒で接待します。火葬場に売店があればそこで購入するか、なければ持参します。打ち合わせ時に葬儀社に確認しましょう。

枕飾り壇と後飾り壇は基本料金内が多い

通夜前まで遺体の枕元に置く枕飾り壇と、忌明けの四十九日忌まで遺骨を安置する後飾り壇（中陰壇）は、「葬儀一式」料金や祭壇料金に含まれていることが多く、別料金に

●後飾り壇（中陰壇）

なっている場合はそれぞれ一万～二万円です。

壇に置く仏具も葬儀社が用意してくれるので、喪家は生花や供物《くもつ》を用意します。自宅に仏壇があれば、いつも使っている仏具を枕飾り壇や後飾り壇に置いてもかまいません。

意外にかかる移動費用

お葬式を自宅以外で行うことが主流になった現在、遺体の搬送はもちろん、遺族や親族の移動費用も意外にかかります。

遺体は、「病院から自宅へ」「自宅から斎場（式場）へ」「式場から火葬場へ」と三回の移送があるのが普通です。はじめの二回は寝台自動車で一回に付き二万円前後（移動距離にもよる）、最後は霊柩車《れいきゅうしゃ》で三万円前後かかります。霊柩車には洋型と宮《みや》型があり、最近は洋型を選ぶ人が増えています。寝台自動車一回分が「葬儀一式」の料金に組み込まれている場合もあります。

遺族や親族の移動は、自宅から斎場（式場）まではタクシーや自家用車で移動する場合が多いようです。ただ、通夜と翌日の葬儀・告別式の二回の移動があるので、タクシー代もばかになりません。

式場から火葬場までは、マイクロバスを使うのが一般的です。二四人乗りが一台四万円程度です。

また、僧侶などの宗教者の移動手段も手配しなければなりません（68頁参照）。

火葬場に併設されている斎場でお葬式を行えば、移動費用は軽減できます。

火葬料金は自治体によりさまざま

火葬場は公営の施設が一般的ですが、東京都には民営の施設があります。火葬料金は、公営施設でも自治体が決めているのでさまざまです。無料の施設から五万円程度かかる施設まであります。

公営の火葬場はその自治体の住民のための施設なので、そこの住民以外の人が申し込む

●火葬場

と料金が高くなります。

東京二三区内の公営の火葬場は、瑞江《みずえ》葬儀所（江戸川区）と臨海斎場（大田区）の二カ所です。瑞江葬儀所の火葬料金は、都民二万四三〇〇円、都民外七万一二八〇円です。

都内の民営の火葬場は、桐ケ谷《きりがや》斎場（品川区）、代々幡《よよはた》斎場（渋谷区）、堀ノ内斎場（杉並区）、落合斎場（新宿区）など七カ所で、料金は最上等四万八三〇〇円、特別室一〇万七五〇〇円、特別賓館一七万七〇〇〇円まで三段階になっています。

料金のちがいは、火葬炉の前や収骨室の広さや高級感のちがいです。一般のお葬式ではもっとも安い最上等で十分です。

見落としがちなその他の費用

◎心づけ

お葬式の当日にお世話になった方々へは、心づけを渡すのが慣例になっています。

たとえば、霊柩車やマイクロバス、ハイヤーの運転手、通夜ぶるまいや精進落としの料理配膳人、斎場の係員などが考えられます。一人あたり三〇〇〇〜五〇〇〇円を白封筒に入れて渡します。地域により相場がちがいますので、葬儀社にたずねましょう。

公営の斎場や火葬場の係員は、心づけの受け取りは禁止されているので渡す必要はありません。

心づけを渡すタイミングがわからなければ、葬儀社に渡すときに声をかけてもらうか代わりに渡してもらいましょう。

葬儀社によっては、見積書に心づけの総額をあらかじめ記載し、代行して支払ってくれます。打ち合わせの際に確認しましょう。

◎手続き代行

お葬式の準備で慌ただしい遺族に代わり、葬儀社では役所への死亡届の提出、火葬許可証発行の申請などを代行してくれます。料金は一万〜二万円程度です。

これは「葬儀一式」料金に組み込まれている場合もありますので、見積書を確認しましょう。

◎遠方からの参列者の宿泊費

遠方から来てくれた親族や故人の旧友などは、宿泊施設を確保する必要があります。

斎場の大広間に宿泊できる場合は、貸し布団を借りてそこに皆で泊まります。できなければ、ビジネスホテルなどを予約することになります。早めに人数を確認して予約します。葬儀社にたずねれば適当なホテルを教えてくれます。

遠方から来る方のなかには、自分で宿泊施設を予約し、宿泊費も自分で支払うつもりの方もいます。その場合はお言葉に甘えてもよいでしょう。

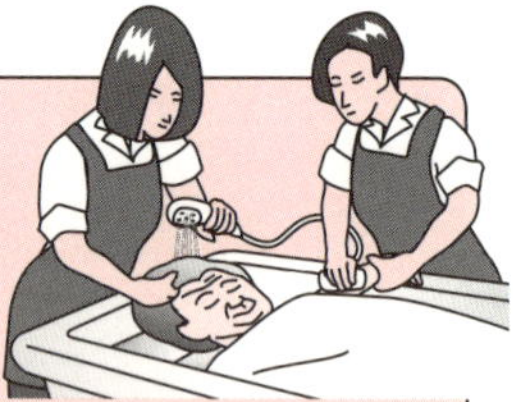

湯灌サービス

病院で亡くなった場合、看護師が清拭《せいしき》と死化粧をしてくれます（32頁参照）。しかし、故人を身心ともに洗い清めて送ってあげたいという思いから、自宅で納棺前に湯灌《ゆかん》サービスを依頼する遺族が増えています。

湯灌サービスは、専門業者が湯灌用のバスタブを遺体の側まで運び込み、全身を洗い清め（ご洗体という）、シャンプー、顔そり、爪《つめ》切りまでしてくれます。経帷子《きょうかたびら》（死装束の白い着物）は用意されていますが、希望すれば故人が生前に愛用していた衣服を着せて納棺してくれます。

湯灌サービスは2畳ほどのスペースがあれば可能で、料金は10万～15万円程度です。葬儀社が手配してくれます。

❻お寺関係の費用

お布施の額に決まりはない

お葬式でいちばん頭を悩ませるのが、お寺、神社、教会などへのお布施（謝礼）でしょう。お布施の金額に決まりはありません。感謝の気持ちをお金に換えてお渡しするのですから、できる範囲ですればよいというのが本来の意味です。

そうはいっても、ある程度の相場がわからなければ困ります。いちばんよい方法は、僧侶など宗教者に直接たずねることです。「お気持ちで」といわれるのが多いようですが、最近では金額を提示してくれることも増えてきました。僧侶が答えてくれない場合は、葬儀社に聞いたり、お寺とのつきあいがある親族などに相談してみましょう。もし、喪家《そうけ》側で金額に希望があれば、その額をお伝えするのがよいでしょう。

前述のとおり、日本消費者協会の調べによると、お葬式における宗教者へのお布施の全国平均額は五四・九万円（二〇〇七年）となっています。ただ、地域や宗教・宗派によってずいぶんちがいがあります。

参考までに、葬儀社に僧侶を派遣してもらった場合は、通夜・葬儀・還骨（繰り上げ初七日も含む）の二日間三回の法要で二〇万〜三〇万円、戒名料は一〇万〜（宗派や格付けにより変動）となっています。仏教以外では、神道では二〇万〜三〇万円、キリスト教では一五万〜二五万円です。

戒名の依頼は慎重に

仏教では、仏教徒となった人に師から仏名《ぶつみょう》が与えられます。いわゆる戒名《かいみょう》がそれですが、浄土真宗や真言宗では「法名《ほうみょう》」、日蓮宗では「法号《ほうごう》」といい、宗派によってちがいます。

仏教徒であれば、戒名は本来生きているうちに与えられるものですが、多くの人は亡くなってから、お葬式のときに菩提寺《ぼだいじ》の僧侶（師）につけていただきます。

そこで問題が起こりやすいのが、親元を離れて暮らしている人が亡くなり、葬儀社に僧侶を依頼した場合です。派遣の僧侶につけていただいた戒名では郷里の菩提寺のお墓には入れてもらえない、ということが起こりえます。前述のとおり、戒名は「師」から与えられるものだからです。そうなれば戒名料をもう一度納めて新たな戒名で菩提寺のお墓に入れてもらうということになります。

ですから、亡くなったときには、まず菩提

●戒名の構成

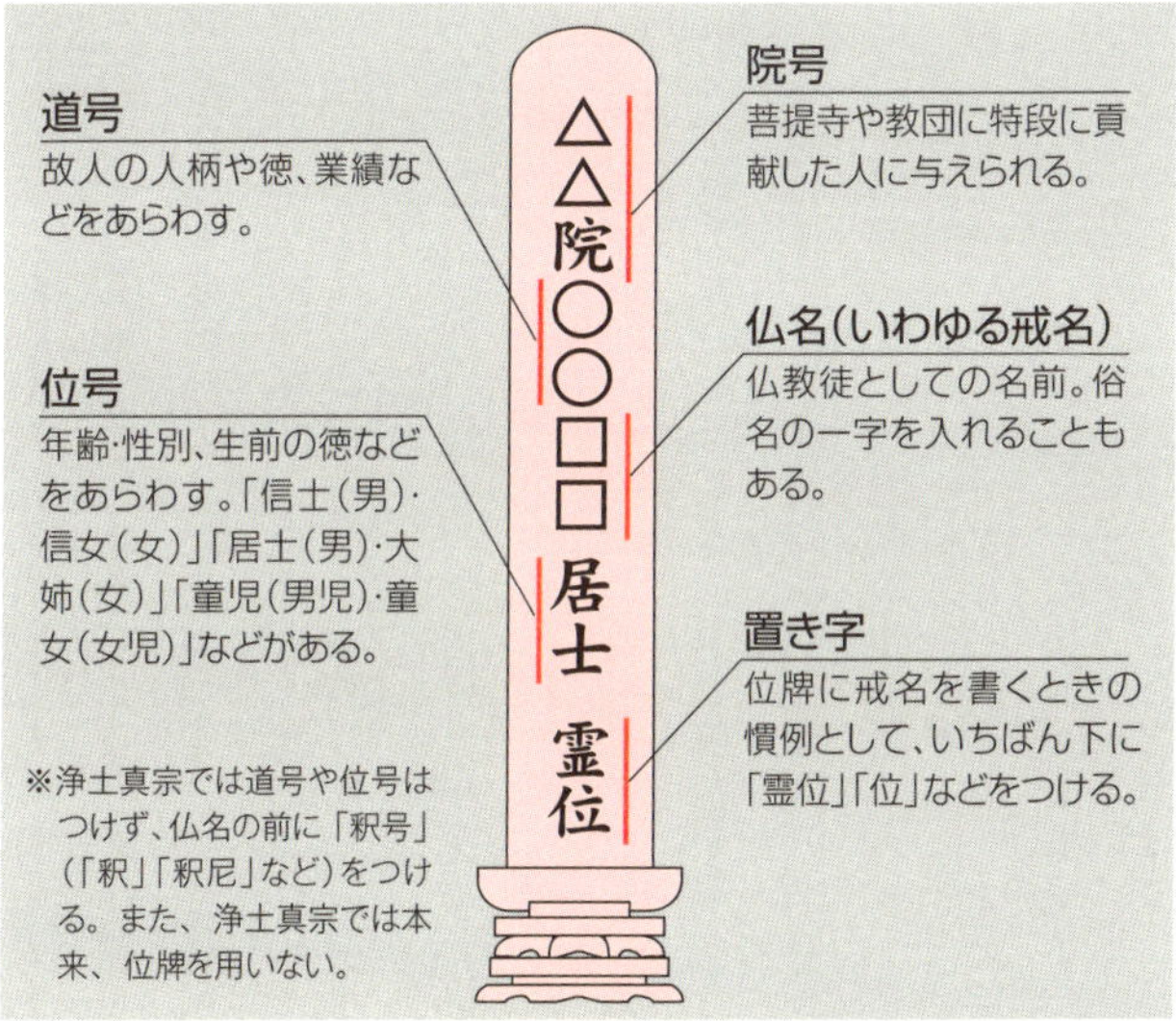
△△院○○□□居士霊位
院号
菩提寺や教団に特段に貢献した人に与えられる。
道号
故人の人柄や徳、業績などをあらわす。
仏名（いわゆる戒名）
仏教徒としての名前。俗名の一字を入れることもある。
位号
年齢·性別、生前の徳などをあらわす。「信士（男）·信女（女）」「居士（男）·大姉（女）」「童児（男児）·童女（女児）」などがある。
置き字
位牌に戒名を書くときの慣例として、いちばん下に「霊位」「位」などをつける。
※浄土真宗では道号や位号はつけず、仏名の前に「釈号」（「釈」「釈尼」など）をつける。また、浄土真宗では本来、位牌を用いない。

寺の僧侶に連絡し、遠方の場合には僧侶に来ていただけるか、そして戒名をどうするかを相談しましょう。ちなみに、俗名《ぞくみょう》のままで葬儀を行ってもらうことも可能です。葬儀社に僧侶の派遣を依頼する場合は、俗名でよいでしょう。

戒名の格付けはお寺への貢献度

戒名は上の図のような構成になっており、信仰の篤《あつ》さよって「位号」に格付けがあり、お寺への貢献度によって「院号」がつけられます。それは一般的にはお布施の額によって決まるとされています。院号は本来、寺院を建てるほどお寺や教団に貢献した人に与えられるという意味です。また、こうした格は世襲することも多いようです。つまり、先代の戒名に院号がついていたから、その息子にも院号がつけられるということです。

浄土真宗では、法名に格付けをする「位号」はありません。「院号」も本山に一定額以上をお布施した人に与えられるという規定により誰でもいただくことができます。

お布施は、還骨法要のあと、市販のお布施用の不祝儀袋または白無地の封筒に入れてお渡しします。領収書が必要であれば、お願いしましょう。お布施などの葬儀費用は遺産相続のときに故人の財産から控除できます。

お車代を用意しておく

本来は僧侶をお寺までお迎えに行くものですが、現在は、喪家が手配したハイヤーや、僧侶ご自身の車などでお越しいただくようになりました。ハイヤーを手配しない場合は、お越しいただいた都度に僧侶にお車代をお渡しします。五〇〇〇円から一万円を封筒に入れて「御車代」と表書きします。

また、通夜ぶるまいや精進落《しょうじんお》としを辞退された場合は、お膳料もお渡しします。こちらも五〇〇〇円から一万円で、表書きは「御膳料」とします。

❼お葬式後にすること

あいさつ回りと葬儀事務の整理

お葬式は慌ただしさのなかであっという間に済んでしまうものです。しかし、無事にお葬式を終えてもまだやることは残っています。遺族は悲しみを乗り越えつつ、お葬式の事後処理を行っていかなければなりません。

すぐにやらなければならないのは、お葬式でお世話になった方へのあいさつ回りです。菩提寺《ぼだいじ》・神社・教会など、世話役、故人の仕事関係、ご近所、入院していた病院などです。

仏式では、お布施をまだお渡ししていなければ菩提寺へ持参します。済んでいれば、菓子折などを持ってあいさつに行きます。世話役には、「お礼」として現金や商品券をお渡しすることが多いようです。地域の慣例もありますので、詳しい方に聞いてみましょう。

故人が在職中だった場合は、職場にあいさつに行きます。小分けできるお菓子などを持参し、故人の私物の整理をしてきます。

お葬式を知らせなかったり、連絡がつかなかった故人の知人には死亡通知を送ります。葬儀社や印刷屋に依頼することもできます。

葬儀事務については、会計を担当してくれた人から精進落《しょうじんお》としまでに引き継いでいるでしょうから、それを整理しておきます。

葬儀社からは二〜三日後に請求書が届きます。よくチェックして支払います。また、入院費用や近所の酒屋などの支払いがあれば、その清算も早めに済ませましょう。

香典返しと四十九日忌・納骨

香典返しは、香典や供物《くもつ》をいただいた方に、四十九日の忌明けの知らせとともに送ります。即日返し（57頁参照）にした場合は、高額の香典をいただいた方にだけ送ればよいでしょう。「半返し」あるいは「三割返し」といわれています。品物は、タオル、シーツ、お茶、海苔《のり》などが多いようです。最近では、品物を選べるカタログギフトも増えてきました。

四十九日法要は、遺族・親族、故人の親しい友人だけを招いて行うことが多いようです。場所は斎場を借りることもありますが、お寺や自宅で法要を行い、精進落としの食事をお寺や料理店で行うなどします。

また、四十九日法要に合わせて納骨することも多く、その場合は四十九日法要とともに納骨法要も行います。

神道《しんとう》では、死後五〇日目の五十日祭を忌明《きあ》けとして納骨を行います。

キリスト教では法要の日にちはとくに決まっていません。カトリックでは死後三日目、七日目、三〇日目に追悼ミサを行ったり、プロテスタントでは死後一カ月目、半年目、一年目などを「召天日《しょうてんび》」として記念の集いを行ったりします。日本では、仏教の四十九日法要に準じて死後五〇日目くらいに追悼ミサや記念行事を行うことが多いようです。

事後の手続きは早めに行う

葬儀後に遺族が行わなければならない手続きはたくさんあります。とくに故人が世帯主だった場合は名義変更など手続きが煩雑になるので、一つひとつを確実に行います。

手続きは、次の四つに大きく分けられます。

- もらえるお金の申請
- 返納や解約
- 名義変更
- 準確定申告

なかには手続き期限が死亡日から一四日以内というものもあります。また、申告制になっており、申告しなければお金を受け取れないものもありますのでよく確認しましょう。

事後の手続きには、遺産相続（126頁参照）の確定後に行うものもありますので、亡くなってから一年近くは手続き作業が続くことになります。

●葬儀後の各種手続き

手続きの種類	手続き期限	手続き先
健康保険証の返納および埋葬料の支給申請	できるだけ速やかに	勤務先または社会保険事務所か健康保険組合
国民健康保険証の返納および葬祭費の支給申請	死後14日以内	市区町村役所
高額医療費の還付申請	医療費支払日から2年以内	市区町村役所または健康保険組合
生命保険の死亡保険金の支払い申請	死後3年以内(共済や損害保険は2年以内)	保険会社
公的年金で遺族が受給請求するもの(寡婦年金、遺族年金、死亡一時金等)	死後5年以内	市区町村役所または健康保険組合
年金受給停止の手続き	できるだけ速やかに	社会保険事務所または市区町村役所
介護保険証の返納	死後14日以内	市区町村役所
老人医療受給者証の返納	できるだけ速やかに	市区町村役所
クレジットカードの返却	できるだけ速やかに	カード会社
世帯主変更届	死後14日以内	市区町村役所
公共料金の名義変更	できるだけ速やかに	所轄の営業所
電話の名義変更	できるだけ速やかに	所轄の営業所
賃貸住宅の名義変更	できるだけ速やかに	不動産会社等
故人の所得税の準確定申告	死後四カ月以内	所轄の税務署
医療費控除の手続き	死後5年以内	所轄の税務署

また、遺品の整理もお葬式後の遺族の仕事のひとつです。「形見分けするもの」「保管しておくもの」「処分するもの」に大まかに分けます。形見分けは、四十九日法要のときに近親者で分けてはいかがでしょうか。

その後の法要は一周忌、三回忌と続く

四十九日法要後の大きな法要は一周忌です。亡くなってからちょうど一年目の祥月命日《しょうつきめいにち》に行うのが原則ですが、都合で日をずらす場合はその日より前にします。休日は法要が重なるので、菩提寺には早めに連絡し、お願いしておきましょう。

一周忌は、四十九日法要と同様の規模で行います。その次は、亡くなって二年目に行う三回忌です。三回忌は一周忌より規模を小さくするのが一般的です。その後は、六年目に七回忌、一二年目に十三回忌となります。お布施は三万～五万円程度です。

こうした年回法要（年忌法要）は、故人と関係が深い他の故人とあわせて行うこともでき、これを「併修《へいしゅう》」といいます。ただし、三回忌までは一人ひとりで行うほうがよいでしょう。併修にする場合の日取りなどは菩提寺にたずねましょう。

併修でのお布施は、通常の金額に二万～五万円を上乗せするのが一般的です。

焼香の作法いろいろ

回し焼香用の角香炉

仏式のお葬式や法要では、抹香《まっこう》をたいて焼香《しょうこう》をします。お香の香りによって仏前と、故人や参列する人たちの身心を清めるという意味があります。

焼香の作法は宗派によってちがいます。回数もさまざまですが、参列者が多いときは1回で済ませるようにうながされることもあります。

宗派	回数	作法
天台宗	とくに決まりはない	回数や作法より、故人への供養の気持ちを重んじる。
真言宗	3回	仏法僧《ぶっぽうそう》の三宝《さんぼう》に捧げる、あるいは心口意《しんくい》の三密《さんみつ》修行に精進《しょうじん》する意味がある。3回とも同様に額《ひたい》におしいただく。
浄土宗	とくに決まりはない	心を静め身を清めるための焼香だから額《ひたい》におしいただき、回数にはとらわれない。
浄土真宗	本願寺派は1回 大谷派は2回	抹香を敬う意味はないので、額《ひたい》におしいただかない。
曹洞宗	2回	1回目は故人の冥福《めいふく》を祈って行う主香《しゅこう》として額《ひたい》におしいただく。2回目は主香が消えないように抹香を補う従香《じゅうこう》なので額におしいただくことはしない。
臨済宗	1回	回数や作法より、故人への供養の気持ちを重んじる。あわてて3回するよりも心をこめて1回のほうがよい。
日蓮宗	3回	仏法僧《ぶっぽうそう》の三宝《さんぼう》に信仰の誠をあらわす意味で3回、額《ひたい》におしいただく。

①本尊に合掌礼拝《がっしょうらいはい》する。

②右手の3本の指で抹香をつまみ、各宗派の作法に従って焼香する。

③本尊に合掌礼拝し、僧侶に一礼して席に戻る。

第2部

自分らしいお葬式を考える

❶死をどう迎えるか
❷自分らしいお葬式
❸簡素なお葬式
❹家族葬
❺無宗教葬(自由葬)
❻お別れ会(しのぶ会)
❼海や山へ還る自然葬
❽葬儀費用の準備
❾お葬式の生前予約(生前契約)
❿遺言とお葬式の要望書
⓫相続
⓬エンディングノート

❶死をどう迎えるか

自分らしい死を考える

人生も第四コーナーにさしかかると、誰もがゴール（自身の死）を少し身近に感じるようになります。そろそろ自分がこの世を去るにあたって何を残し、何を削ぎ落としておけばよいのか考えてみようかと思うのではないでしょうか。そして、ゴールに待ち構えている「お葬式」についても……。

ここでは、自分らしいお葬式を考えるにあたって、まずどのように自分らしく死を迎えるかについて目を向けてみましょう。

死の準備に大切なことは家族と話すこと

現在、病院で死を迎える人が八割を超えています。しかし、病院は死にゆく人のためにあるのではなく、治療し日常生活に戻ろうとする人のためにある施設です。ですから医師は、たとえ危篤状態にある患者に対しても、本人や家族の明確な意思がないかぎり懸命に延命措置を施します。

そのため、患者は眠ったまま臨終に至る

ケースが多く、意識があるうちに家族とお別れの言葉を交わすのは難しいのが現実です。患者本人と最後に話せなかったことを後悔する家族は少なくありません。

もし、患者本人も家族も納得できるお別れをするためには、病名や余命の告知、終末医療、延命治療、尊厳死などについて、日頃から家族で話し合い、最期を迎えるときはどうあるべきか意思の統一を図っておく必要があるでしょう。

しかし、生死のことを家族で話し合うのは抵抗があるものです。また、たとえ話し合ったとしても、意思統一されていなければ、現実に直面したときに判断に困るでしょう。それでも意思の確認を何もしていないよりは、ずいぶん答えを出しやすいはずです。

その方法のひとつがエンディングノート（136頁参照）を作ることであったり、尊厳死や献体登録などの意思表明です。

自分で自分の死に方を決める尊厳死

「尊厳死」とは、不治の病で死期が迫っているときに、自分の意思で、生かしておくだけの延命措置をやめてもらい、人間としての尊厳を保ちながら死を迎えることです。

「安楽死」と混同されやすいですが、まったくちがいます。安楽死は、他人が、助かる見込みがないのだから耐え難い苦痛から逃れさせてあげようと積極的な医療行為で、患者を早く死なせることです。安楽死は日本では違法とされています。これに対して尊厳死は、あくまでも本人が、自分が意思表明できなくなった場合のために、あらかじめ自分の死に方を意思表明しておくものです。

尊厳死を意思表明するには、心身が健全なときに尊厳死を希望した、という文書を残し、それを第三者に証明してもらっておく必要があります。尊厳死を望む場合は、公正証書として記録したり、日本尊厳死協会に入会し、左頁の「尊厳死の宣言書」（リビング・ウイル）という書面に署名、押印するなどの方法があります。

尊厳死を意思表明したら、家族に話して理解を得ておきましょう。

●尊厳死意思表明の方法

（日本尊厳死協会に入会して行う場合）

1. 日本尊厳死協会に資料請求する。
2. 「尊厳死の宣言書」に署名、押印し、年会費（個人会員2,000円、夫婦会員3,000円）を添えて協会に送る。
3. 原本は協会で登録、保管される。申し込み者には、会員証と「尊厳死の宣言書」原本のコピーが送付される。
4. 原本のコピーは一通を本人が所持し、もう一通を近親者など信頼のおける人に所持してもらう。
5. 毎年、年会費を納入することで、尊厳死意思表明は継続される。なお、意思表明が終身継続する終身会員もある（個人会員70,000円、夫婦会員100,000円）。

※もし、医師に尊厳死を理解されない場合は、会員が協会に連絡をすると、協会が医師に対し理解してもらえるようにつとめてくれます。

●日本尊厳死協会の作成による「尊厳死の宣言書」

尊厳死の宣言書

(リビング・ウイル　Living Will)

私は、私の傷病が不治であり、且つ死が迫っている場合に備えて、私の家族、縁者ならびに私の医療に携わっている方々に次の要望を宣言致します。

この宣言書は、私の精神が健全な状態にある時に書いたものであります。

従って、私の精神が健全な状態にある時に私自身が破棄するか、又は撤回する旨の文書を作成しない限り有効であります。

①私の傷病が、現代の医学では不治の状態であり、既に死期が迫っていると診断された場合には徒に死期を引き延ばすための延命措置は一切おことわりいたします。

②但しこの場合、私の苦痛を和らげる処置は最大限に実施して下さい。そのため、たとえば麻薬などの副作用で死ぬ時期が早まったとしても、一向にかまいません。

③私が数ケ月以上に渉って、いわゆる植物状態に陥った時は、一切の生命維持装置を取りやめて下さい。

以上、私の宣言による要望を忠実に果たしてくださった方々に深く感謝申し上げるとともに、その方々が私の要望に従って下さった行為一切の責任は私自身にあることを附記いたします。

平成　　年　　月　　日

自署

フリガナ 氏　　名	(印)	明治・昭和 大正・平成	年　月　日 生
住　　所　□□□-□□□□			

献体登録と臓器提供は家族の同意が必要

死後の社会貢献として「献体」と「臓器提供」があります。

献体とは、遺体を人体解剖学の研究に役立たせるために大学の医学部や歯学部に、無条件・無報酬で提供することです。

献体する場合も、お葬式はできます。葬儀後、遺体は火葬場ではなく大学へ搬送されます。献体後の遺体は大学で火葬（費用は大学が全額負担）され、遺骨となって遺族のもとに戻ります。戻るまでに通常一〜三年はかかります。

献体を希望するには、生前に地元の医科・歯科大学や献体篤志家団体に献体登録をします。登録可能な年齢は大学や団体によりちがいがあります。

献体には家族全員の同意が必要です。本人の死後、実際に献体の遺志を実行できるのは家族ですから、登録するときに家族で話し合って理解を得ておきましょう。

献体登録についての問い合わせは、財団法人日本篤志献体協会（☎０３‐３３４５‐８４９８、http://www.kentai.or.jp/）へ。

一方、臓器提供は、死後に臓器を提供してもよいという人（ドナー）が、重い病気や事故などにより臓器の機能が低下し、移植でしか治療できない人（レシピエント）に臓器を提供することです。

提供できる臓器は、

●脳死後（本人の書面による意思表示と家族の承諾が必要）＝心臓、肝臓、肺、小腸、腎臓、膵臓、眼球

●心停止後（家族の承諾が必要）＝腎臓、膵臓、眼球

となっています。

臓器提供を希望するには、臓器提供意思表示カード（通称＝ドナーカード）に記入して、臓器提供の意思表示をします。意思表示できるのは一五歳以上です。ドナーカードは、各地方自治体の役所窓口、保健所、郵便局、運転免許試験場、コンビニエンスストアなどに置かれています。

臓器提供についての問い合わせは、社団法人日本臓器移植ネットワーク（☎0120-78-1069、http://www.jotnw.or.jp/）

●ドナーカード

❷ 自分らしいお葬式

ジミ葬を望む人が多数派に

「質素に家族だけで送ってもらえればいい」
「炉前葬（火葬場の炉の前で僧侶の読経のみ）でよいと思っている」
「好きな曲を流してほしい」
「立派な式は必要ないが、お世話になった方々への礼をつくす式は行いたい」
「残された者（家族）が納得できるかたちでいいと思っている」
「香典などはいらない」

これは、日本消費者協会が行った「葬儀についてのアンケート調査・二〇〇七年」における「自分自身の望ましい葬儀のかたち」という質問での具体的な回答の一部です。

左頁の調査結果を見てもわかるとおり、「立派なお葬式をやるぐらいなら、子供たちにお金を残してやりたい」「残された家族に精神的な負担をかけたくない」といった理由からか、「ジミ葬」を希望する人が顕著になっています。

さらに、ジミ葬どころか火葬だけで済ませる「直葬《ちょくそう》」を望む声も聞こえてきます。

●自分自身の望ましい葬儀のかたち

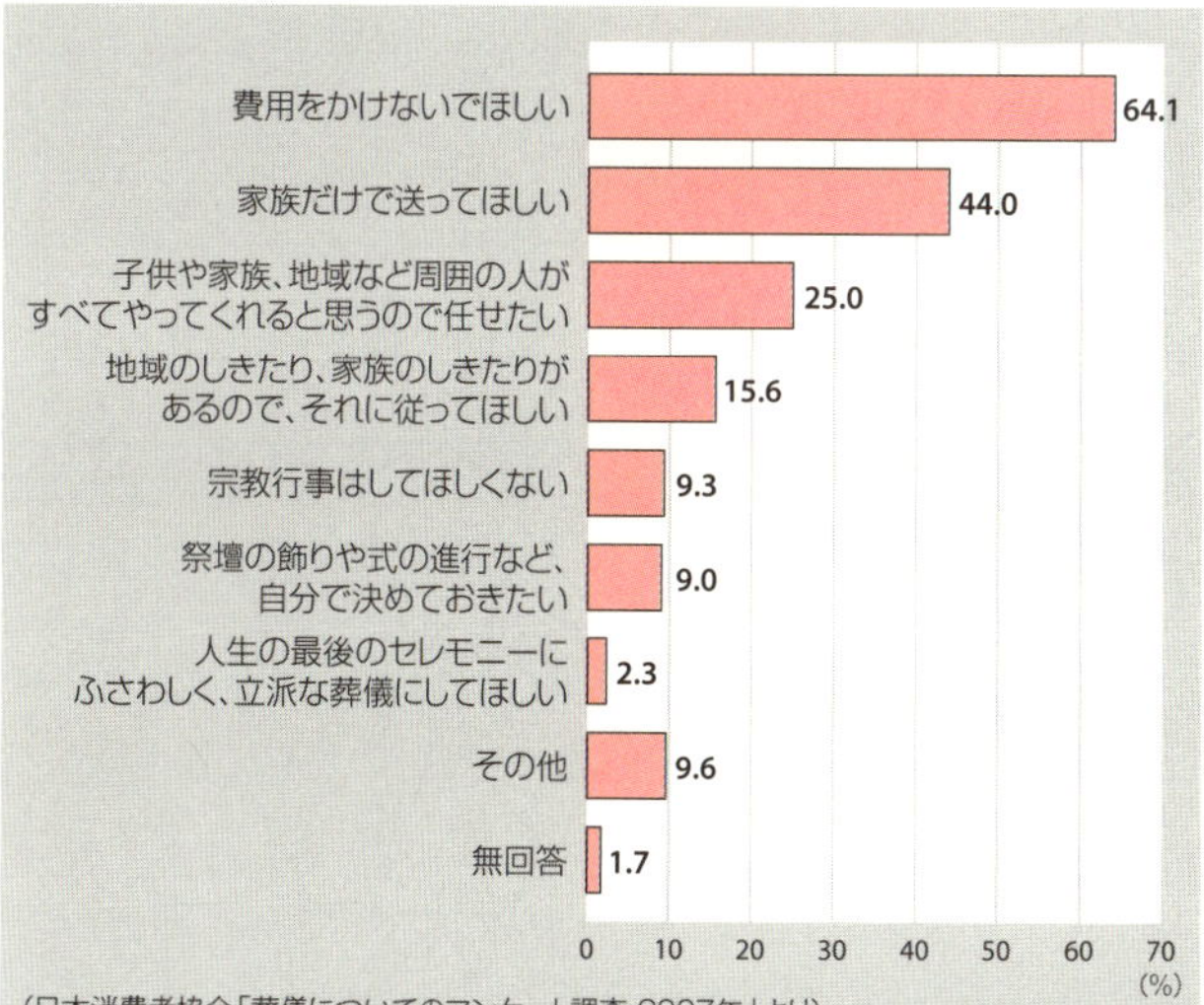
費用をかけないでほしい
64.1
家族だけで送ってほしい
44.0
子供や家族、地域など周囲の人がすべてやってくれると思うので任せたい
25.0
地域のしきたり、家族のしきたりがあるので、それに従ってほしい
15.6
宗教行事はしてほしくない
9.3
祭壇の飾りや式の進行など、自分で決めておきたい
9.0
人生の最後のセレモニーにふさわしく、立派な葬儀にしてほしい
2.3
その他
9.6
無回答
1.7
0
10
20
30
40
50
60
70
(%)

（日本消費者協会「葬儀についてのアンケート調査・2007年」より）

もちろん、どのようなお葬式をしようが、まわりの人たちに迷惑をかけなければ問題ありません。

しかし、どのようにするにしろ、準備が必要であることに変わりありません。「私のお葬式はこうしてほしい」という思いだけでは、〝私らしいお葬式〟はできないのです。

これまでの習慣にどこまで従うか

第1部の冒頭で、お葬式の四つの役割について申し上げました。

①「遺体の処理」、②「社会的な処理」、③「霊魂の処理」、④「遺族の心の処理」の四つ

ですね。

このなかで、お葬式をするしないにかかわらず最低限行われなければならないのは、①と②の一部（死亡届をはじめとする各種手続き）です。極端にいえば、家族に火葬・埋葬と死亡の届出さえ託せば、旅立つことはできます。

しかし、もしそれでだけ旅立ってしまうと、残された家族に大きな負担を背負わせることになります。たとえば②。死亡届など各種手続きだけでは社会的な処理は済みません。知人・友人への報告が必要でしょう。そうでなければ、訃報を知った人たちがそれぞれに弔問に訪れ、何カ月も、あるいは一年以上も続いてしまうということにもなりかねません。

③では、故人の霊を慰めるという宗教的な意味はもちろんですが、お墓との関係を考えておかなければなりません。寺院墓地の場合はもし菩提寺《ぼだいじ》から戒名《かいみょう》をいただかないならば、納骨させてもらえないこともあります。また、「檀家と菩提寺との関係」を解消する（離壇《りだん》という）となれば、家族に精神的経済的な負担を強いることになります。

さらに、家族は故人の遺志を理解しても、親族が理解してくれず、家族があとで親類関係に苦労するということも考えられます。

④の意味でも菩提寺には大切な役割があります。四十九日や一周忌、三回忌等の法要は、

大切な人とのつらい死別体験を段階的にやわらげてくれるよい機会にもなっているのです。

こうして考えると、これまでの習慣にとらわれずに、しかもお葬式の役割を果たす自分らしいやり方を考えるのはなかなか難しいものです。

そこで考えられるのは、

●これまでの習慣に従いつつ、お葬式の規模を変えることで自分らしいお葬式を考える

●残された家族への負担を解消したうえで、自由に自分らしいお葬式（お葬式をしないことも含めて）を模索する

という二つの方向性です。

前者は「家族葬」（92頁参照）のかたちが一般的でしょう。後者はいわゆる「自由葬」と呼ばれるもの全般です。直葬（86頁参照）はもっとも簡素なかたちでしょう。

●新しいお葬式のかたち

無宗教葬・宗教葬
自由葬
音楽葬
友人葬
お別れ会
しのぶ会
生前葬
家族葬
密葬
直葬

③ 簡素なお葬式

「直葬」は、究極のジミ葬

通夜や葬儀・告別式を行わず、臨終後の遺体を病院や自宅から直接火葬場に搬送して火葬する送り方を「直葬《ちょくそう》」あるいは「火葬式」「荼毘葬《だびそう》」などといいます。儀式をしないのでお葬式とは呼べませんが、もっともシンプルな送り方といえるでしょう。

この直葬が、都心部を中心に増加傾向にあります。これまでは、故郷を離れて都心で暮らす人が亡くなり、故郷の菩提寺《ぼだいじ》でお葬式をするので都心で火葬だけする、という理由がほとんどでした。ところが、近年は純粋に直葬のみで終了させる人が多いのです。

故人の強い希望や経済的な理由もありますが、核家族化による家族や親族の人間関係が希薄になっていることや、長寿化で亡くなるときには友人・知人が少なくなっているということもあるでしょう。

お葬式をしないといっても、火葬するためには納棺、遺体の搬送・安置など葬儀社に頼らなければなりません。病院で亡くなり、病院と提携している葬儀社に搬送を依頼する場

●直葬の流れ

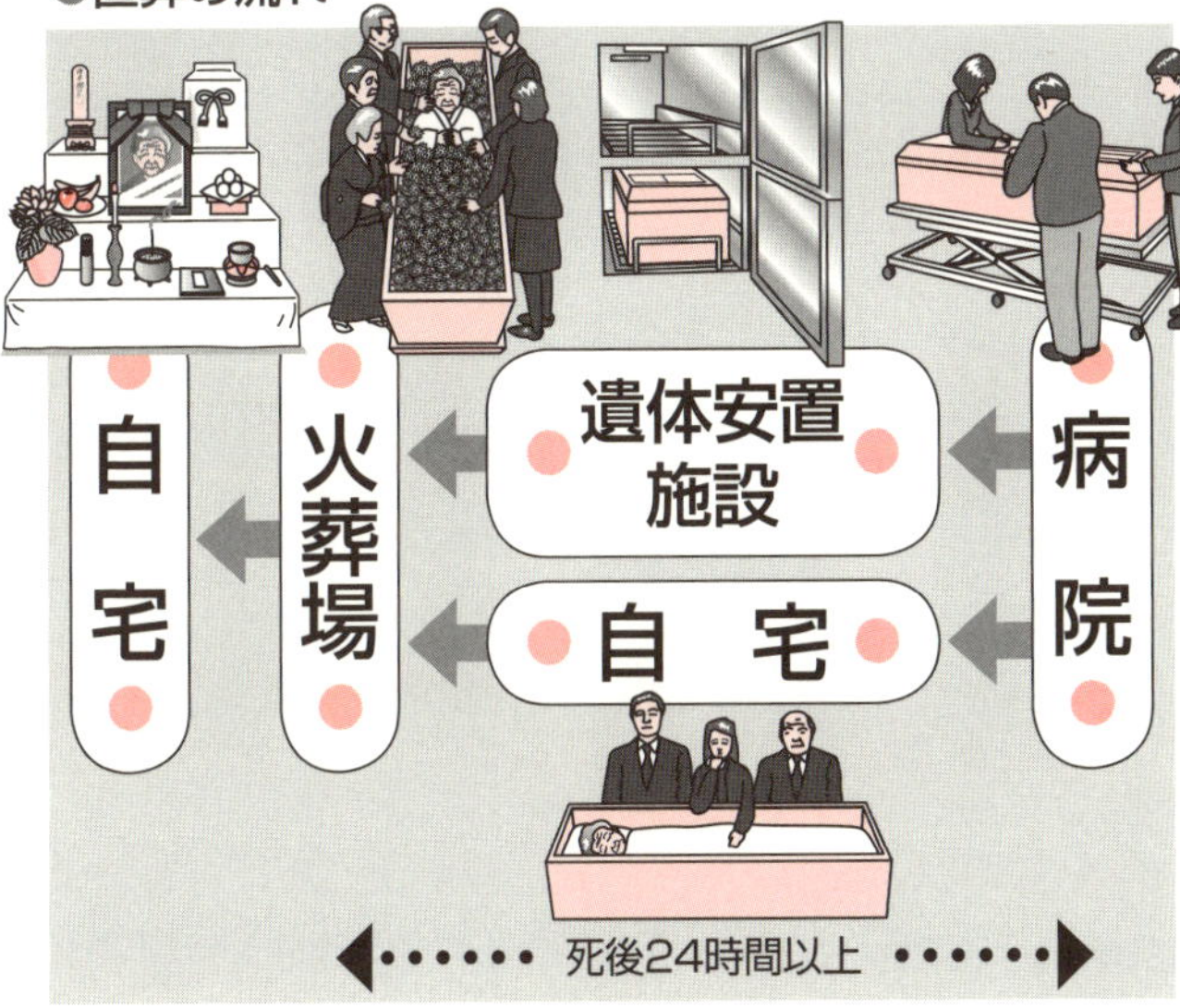
病院
遺体安置施設
自宅
火葬場
自宅
死後24時間以上

合は、はっきりと直葬することを伝えておきます。

葬儀社のなかには、直葬は利幅が少ないので引き受けたがらない業者もあります。直葬に理解があり、こころよく引き受けてくれる業者を選びましょう。

直葬では遺体の安置がポイントになる

一般的な直葬の流れを見てみましょう。

直葬での注意点は、死後二四時間は火葬できないという決まりです。

病院で亡くなった場合、病院には数時間しかいることができませんので、火葬までの間、遺体の安置場所が必要になります。ですから、病院でのわずかな時間に葬儀社を探さなければなりません。

火葬場に遺体安置施設（遺体保冷庫など）が併設されていれば、そこに安置するのが便利です。料金は一泊三五〇〇円から一万円ほどです。

また、自宅に安置できるなら、遺族が故人とゆっくり過ごすことができます。

翌日、火葬炉の前で最後のお別れをします。このときに棺《ひつぎ》の中に別れ花を入れたり、故人の愛用品を入れてもよいでしょう。

収骨は一般葬と同様です。

直葬はお葬式の時間にとらわれる必要がないので、比較的すいている朝や午後遅めの火葬時刻を選ぶこともできるので、混雑する時間をはずせば、火葬のために何日も待たされるということはありません。

直葬にもいろいろなやり方がある

直葬のかたちを基本としながら、故人の希望や遺族の考えで、いろいろなやり方ができます。

直葬は無宗教葬ととらえられがちですが、僧侶に火葬炉の前でお経を読んでいただくことも可能です。また、自宅に遺体を安置して一晩一緒に過ごすことができるなら、僧侶にお願いしてお経を読んでいただくことも可能です。その場合は小規模なお葬式と呼べるでしょう。

十数名の弔問客なら、一緒に火葬に立ち会っていただいてもいいでしょう。また、直葬後にはレストランなどで精進落としの席を設けて、故人をしのぶこともできます。

都心の葬儀社では、基本的な直葬プラン（寝台自動車、棺、遺体保管料、骨壺、火葬料・施設使用料、後飾り壇など）を用意しているところもあります。基本プランで二〇万～三〇万円程度です。それにお別れ用の花、僧侶の手配、その後の散骨などのオプションをつけられます。

直葬では香典は受け取るのか？

直葬《ちょくそう》でも訃報を知った親族、故人の友人・知人がかけつけてくれたときには、香典を出されるのが一般的でしょう。もし、辞退する場合は、「ありがとうございます。故人の遺志でご辞退いたします」とお礼をいって、お断りします。香典辞退については、あらかじめ遺族全員で申し合わせておき、例外をつくらないようにしておきましょう。例外があると、受け取ってもらえなかった人から不満の声が出ないとも限りません。火葬場に弔問に来てくださった方にはハンカチ等の返礼品をお渡しする遺族もいるようです。

告別式のみで一日だけのお葬式も可能

「直葬では大切な家族をゆっくりと見送れない。しかし、普通にお葬式をするのは費用も時間も大変」「高齢の親族が通夜で夜から来ると、心配だし泊まるところの手配なども大変」という理由から、告別式だけで済ませる「一日葬」というやり方が登場しました。

一日葬は、通常の通夜を行わない、もしくは一切宗教的な儀式を行わずに、しっかりとした形式の告別式だけで見送るかたちです。

通夜の飲食・接待費用などを省くことができ、予算圧縮にもつながります。ただし通夜は、本当に見送る日（葬儀・告別式）の前に心構えをつける時間、お別れのための心の準備をする時間として「遺族の心の処理」のためにとても貴重なものなので、宗教者からすれば「通夜も行ったほうがよい」という指摘を受けることがあります。

通夜を行わない場合は、宗教者（僧侶、神官、牧師・神父など）に事前に相談して理解を得なければなりません。一日葬はその意味では、比較的希望を聞いてくれる葬儀社からの派遣の僧侶による葬儀や、宗教者のいない無宗教葬に向いているでしょう。

いまはほとんどの会葬者が通夜にいらっしゃいますから、まれに、通夜だけ一般会葬者を受け入れ、葬儀・告別式は親族でやりたいと希望する人もいます。そうすれば、自然と親族と親しい方数人だけで故人を静かに見送ることができます。

「市民葬」「区民葬」は使い方次第

「市民葬」「区民葬」というのは、住民が低価格でお葬式ができるように、自治体が福祉サービスの一環として設けている制度です。自治体から補助金が出ているわけではありません。死亡届を出すときに申請すれば、誰でも利用できます。葬儀を請け負うのは自治体の指定業者です。

区民葬のサービスの内容は、「祭壇料」「火葬料」「霊柩車《れいきゅうしゃ》」「骨壺」の四項目について、区が指定する料金（いくつかのランクがある）で利用できるということ。この四項目は最低限のお葬式を行うために必要なもので、式場使用料、遺影写真、ドライアイス、飲食費、返礼品、後飾り壇などは別途料金になります。オプションでいろいろ付けていくと割安感はなくなります。

市（区）民葬に向いているのは、「お葬式をあまり知らせなくていい人」「きわめて少人数で葬儀を希望する人」「あまり世間体にとらわれない人」「簡素な葬儀を希望する人」などです。

❹ 家族葬

「家族葬」に定義はない

「家族葬」にどのようなイメージを持っているのか――。日本消費者協会の「葬儀についてのアンケート調査・二〇〇七年版」によると、「近しい身内だけで行う葬儀」と考えている人が約八割を占め、次いで「小規模な葬儀」が二割強でした（複数回答可）。

もともと家族葬という言葉は、「家族を中心にして、小規模で行うお葬式」のプランとして二〇〇〇年前後から葬儀社が使いはじめた言葉で、小規模で行うということ以外に明確な定義はありません。

身内だけで行うお葬式には、以前から密葬がありました。そのため「家族葬」という言葉が登場する前は、家族葬のことを「密葬」と呼んでいる方もいました。しかし、密葬とは本来、後日、一般会葬者を招いて「本葬」を行うことを前提として、その前に近親者のみで行う葬儀のことです。

それに対して家族葬は、それ自体が本葬であり、単独で行われるものです。また、家族葬はこれまでの形式やしきたりにとらわれず、

●家族葬についてのイメージ

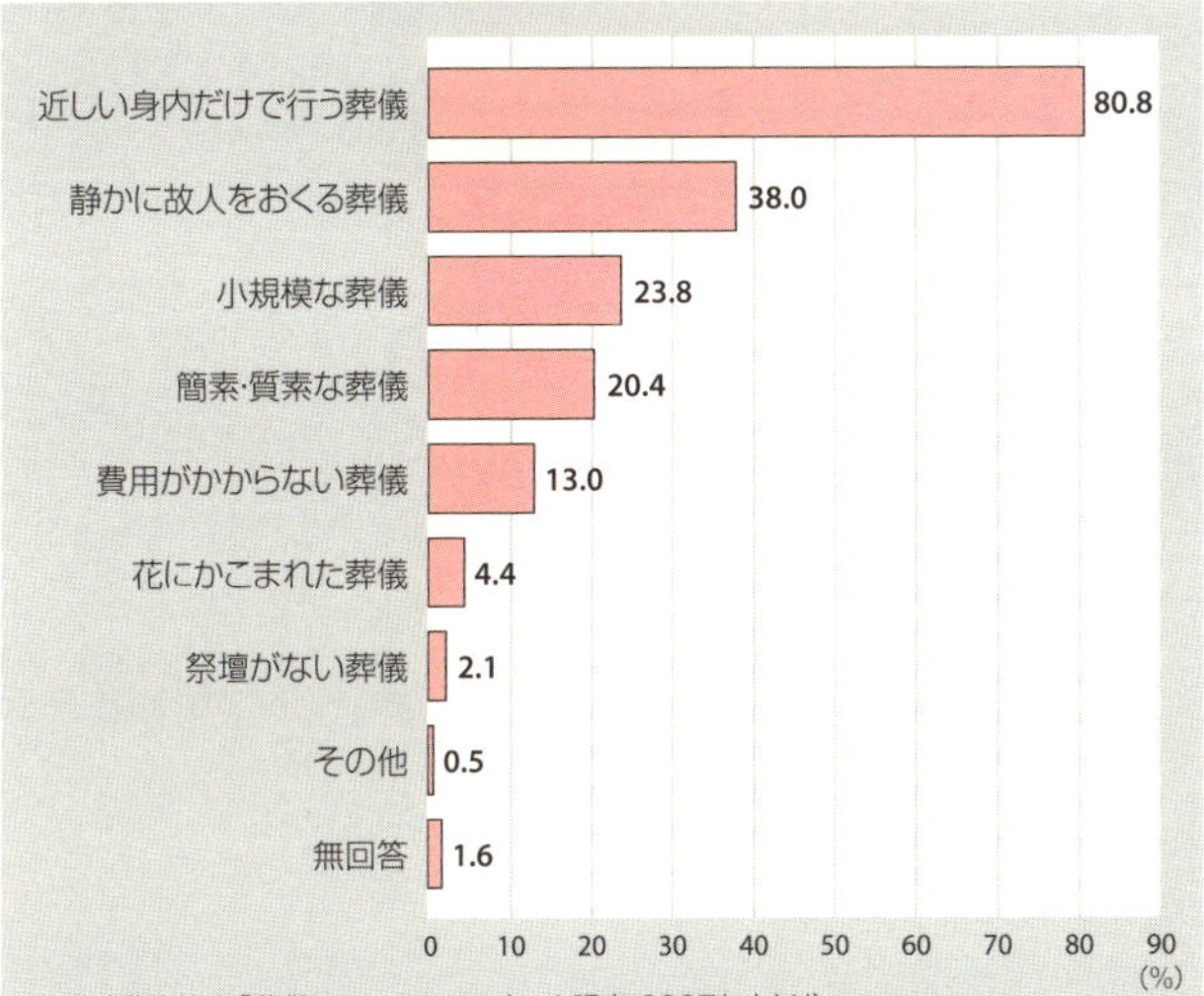
近しい身内だけで行う葬儀 80.8
静かに故人をおくる葬儀 38.0
小規模な葬儀 23.8
簡素・質素な葬儀 20.4
費用がかからない葬儀 13.0
花にかこまれた葬儀 4.4
祭壇がない葬儀 2.1
その他 0.5
無回答 1.6
0 10 20 30 40 50 60 70 80 90
(%)
（日本消費者協会「葬儀についてのアンケート調査・2007年」より）

故人とのお別れの時間を大切にできるという特徴があります。家族葬を行ったあとに、故人の友人・知人が集まって「しのぶ会」を開くということもあります。

このように家族葬に決まったかたちはありませんが、一例を紹介しましょう。

①家族とつきあいの深い親類、故人のごく親しい友人など二〇名ほどで行う。

②自宅で、僧侶にお願いして通夜と葬儀を行う。祭壇はつくらず、棺のまわりを生花でかこみ、その前に本尊と焼香台だけを置く。

（小さな部屋のある斎場は少ない）

③香典は辞退する。返礼品は出さない。少人数だから直接会葬者にお礼が言えるので、

会葬礼状も作らない。
④全員で火葬・収骨、還骨《かんこつ》法要・繰り上げ初《しょ》七日《なのか》法要、精進落《しょうじんお》としを行う。
⑤参列者以外への死亡通知は葬儀後に出す。

家族葬の利点と注意点

家族葬の第一の利点は、故人とゆっくりと心ゆくまでお別れができることです。会葬者が多い一般葬では、お葬式の進行や会葬者の応対に追われ、気づいたときにはお葬式は終わっていたということも少なくありません。

少人数なら自宅でも行えるかもしれませんし、斎場も小さな部屋で済むので、費用面でも負担が減ります。また、祭壇をつくらなければコストカットになります。

一方で、家族葬を行う場合は注意点もいくつかあります。

まず、家族葬を経験したことのない人が多いので、簡素なお葬式に反感をもたれるかもしれません。とくに親族には事前に故人の強い希望だったことをていねいに説明して理解を得ましょう。

死亡をあとで知った故人の友人・知人から不満の声があがることも予測されます。また、死亡を知った人たちが次々と弔問にみえることもあります。前述のように、少し日をおいて「しのぶ会」や「お別れ会」を開いて友

●家族葬の利点と注意点

利点	注意点
心ゆくまで故人と過ごすことができるので、遺族も悲しみの現実をしっかりと受け止めることができる	事前準備をていねいに行う必要がある
	親族などに理解を得なければならない
少人数なので費用面での負担が軽減される	後日、弔問客の対応に追われる可能性がある
お葬式のかたちにこだわらない	死亡通知用の名簿は漏れがないように作っておく

人・知人を招くのもよいでしょう。

家族葬を行う場合は、事前の準備だけでなく、事後のこともよく考えておきましょう。そのためには、家族葬になれている葬儀社に依頼することが大切です。

宗教葬にするか 無宗教葬にするか

家族葬は、宗教葬・無宗教葬どちらでも行うことができます。もっとも多いのは仏式の家族葬です。規模が小さくなるだけで従来の形式を踏まえて行うので、参列者がとまどうことなくスムーズに進行できます。

無宗教での家族葬は通常、故人の強い遺志

●リビング葬

（メモリアルアートの大野屋）

が前提になります。無宗教葬は、自由なスタイルで行えます。具体例は次項を参照してください。もし、自分のお葬式にはこうしてほしいという希望があれば、エンディングノート（136頁参照）に書き残しておくべきです

家族葬プランを提供している葬儀社のなかには、故人との最後の一晩を自宅にいるように過ごせ、お葬式を行える家族葬専門の斎場を持つところもあります。リビング、キッチン、寝室、バスルームなどが完備した部屋で、心ゆくまで故人と過ごすことができるので、遺族も悲しみの現実をしっかりと受け止めることができます。もちろん、宗教葬・無宗教葬のどちらにも対応しています。

⑤無宗教葬（自由葬）

特定の宗教にこだわらず自由なかたちで旅立つ

現在は仏式のお葬式が九割近くを占めており、実際に無宗教葬を行っている人はごくわずかです。しかし、「葬儀にかかわる費用等調査」（平成一四年、東京都生活文化局）によると、「自分の葬儀の希望形式は？」の質問に、「形式にとらわれないで行ってほしい」と回答した人が四七％に達しています。

これは、お葬式を「儀式」ではなく「故人とのお別れの会」ととらえる人が増えたということでしょう。

また、自身が明確な信仰がないのに、お葬式だけは仏教で行うことに矛盾を感じる人もいます。さらに、お寺に納めるお布施が高額であり、なおかつ不透明でわかりにくいと感じることから、宗教にとらわれないお葬式を望む人が増えたとも考えられます。

このように無宗教葬への潜在的な需要は高く、無宗教葬が現在より増える可能性があります。

無宗教葬はどのようなかたちで行っても自由です。「自由葬」とも呼ばれ、現在は葬儀社が提供する自由葬のプランに、要望を聞きながら演出などを提案してもらうパターンが多いようです。以下は一例です。

①祭壇は設けずに棺のまわりを生花で飾る。また、メモリアルコーナーを設けて、故人の功績を示すものや趣味の作品などを飾る。

②僧侶の読経の代わりに故人が好きだった音楽を流す。

③思い出の写真などで、故人の来し方を紹介する。

④参列者にお別れのメッセージをいただいたり、歌や演奏を故人に捧げてもらったりする。

⑤黙祷を捧げて、焼香の代わりに献花や献灯をする。

⑥最後のお別れをして、遺族があいさつ、出棺する。

こうした演出は葬儀社と相談しながら練り上げていきますので、無宗教葬の経験豊富な葬儀社を選ぶことが必須です。また、式場もホテルなど葬儀社の斎場以外にも選択枝はあります。

無宗教葬の利点と注意点

無宗教葬の利点は、形式にとらわれず自由にお葬式ができるということです。

また、宗教のしきたりを気にする必要がな

●無宗教葬の利点と注意点

利点	注意点
形式にとらわれず故人の人柄を感じられるお葬式ができる	親族などから理解を得にくい
宗教のしきたりを気にする必要がなく、宗教者に気を使う必要がない	お葬式を終えても遺族が心の整理に迷うことも考えられる
お布施などの宗教関係費用がかからない	菩提寺にお墓がある場合は、そのお墓に納骨できないこともある
うまく進行できれば、心に残るあたたかいお葬式になる	明らかな手順がなければ、メリハリのないお葬式になる
	内容によっては斎場を使えない場合もある

く、宗教者に気を使う必要がありません。お布施などが必要ないのでその分を生花代に充当し、華やかにすることもできます。

うまく進行できれば、家族はもちろん参列者にも心に残るあたたかいお葬式になります。

無宗教葬は、これまでの慣習を離れるので注意点もいくつかあります。

まず、なじみがないお葬式ですから親族などから反感をもたれるかもしれません。元気なうちに強い希望であることなどをていねいに説明します。エンディングノート（136頁参照）などに記しておき、家族や親族にそれを見せて、理解を得られるようにしておきましょう。

無宗教葬は明らかな手順がなければ、メリハリのないお葬式になる可能性があります。事前にこちらの希望をはっきりさせてから葬儀社と打ち合わせをしましょう。また、内容によっては使える斎場が限られます。

なかには、故人が無宗教葬を希望していたものの、遺族が葬儀社と相談するうちに大変さがわかって、結局、仏式のお葬式にしたというケースもあります。

お葬式を終えたあと、仏教の四十九日忌や一周忌のような供養の機会がないので、家族が心の整理に迷うことも考えられます。

悲しみやつらさを段階的に乗り越えていけるように故人をしのぶ機会をつくるのも一案です。

菩提寺《ぼだいじ》にお墓がある場合は、そのお墓に納骨できないかもしれません。必ず事前に菩提寺あるいは葬儀社に相談しましょう。

お葬式をやり直すことはできません。無宗教葬を選択する場合は、生前によく家族と相談して決めたいものです。

生前の準備が成功のポイント

自分のお葬式を無宗教葬にしてもらいたいと思うなら、葬儀社を決めておくことが第一歩です。死亡後、たとえ反対する親族がいても、故人が自分の意思で葬儀社まで決めていたのなら承諾してもらえるでしょう。また、亡くなった病院からの遺体の搬送から、一貫してその葬儀社に依頼できます。

そして、どのようなお葬式にしたいかの希望をしっかりと考えておくことです。無宗教葬になれている業者なら、希望を伝えればそれにあったプランを練ってくれるはずです。

葬儀社を選ぶときは、一般の宗教葬以上に慎重に行います。対応の誠実さや無宗教葬の経験の豊富さはもちろんですが、見積書の項目や料金がわかりやすいこともポイントになります。ほとんどの葬儀社が無料相談を受け付けていますので、何件か当たってみるとよいでしょう。

いろいろなスタイルを考えてみる

無宗教葬では、一般葬の通夜から葬儀、火葬までの一連の流れを踏襲し、それを無宗教形式で行うということもできますし、火葬を先にすれば日程もスタイルも自由にできます。

たとえば、近親者だけで仏式で密葬し、そのあとに友人・知人を招いて遺骨をかこんで無宗教のお別れ会を開いてもいいでしょう。こうすれば、親族からの理解も得られやすくなりますし、菩提寺のお墓に入るにしても相談しやすくなるはずです。無宗教葬にするといっても、無宗教にこだわりすぎるとかえっ

●無宗教葬のスタイルの例

完全無宗教型

- 通夜、葬儀・告別式、火葬という一般的なお葬式の流れを無宗教で行う
- 通夜に参列者を招いて無宗教の通夜葬を行い、親族のみで火葬する
- 通夜は行わず親族のみで過ごし、葬儀・告別式を無宗教の一日葬とする
- 通夜、葬儀・告別式を行わず、火葬時に参列者を迎えて最後のお別れをする（火葬場によってはできないところもある）
- 親族のみで直葬し、後日、お別れ会を行う

宗教葬との融合型

- 通夜、葬儀を仏式で行い、告別式を無宗教で行う
- 通夜を告別式として参列者を招いて無宗教で行い、葬儀は親族のみで仏式で行う
- 葬儀・告別式（または通夜・告別式）を無宗教の一日葬とし、火葬時に僧侶を招き親族のみで送る
- 親族のみで僧侶を招いて直葬（あるいは家族葬）とし、後日、お別れ会を行う

※菩提寺に納骨する場合は、住職とよく話し合ってお決めください。

て不自由になることもあります。

宗教色を一切出したくないというなら別ですが、臨機応変に考えてみてもよいでしょう。

無宗教葬だからできる心に残る送り方

従来の形式にこだわらない無宗教葬は、心に残るさまざまな演出方法をとることができます。しかし、宗教儀式ではない葬儀なので寺院斎場では断られることがほとんどになります。まず、その点を注意しましょう。

無宗教式として、もっとも特徴的な方法が「音楽葬」です。音楽葬と銘打たなくとも、式中に流す音楽にこだわりがあれば、その人らしいお葬式になるでしょう。また、故人をしのぶ必然性のある音楽を流せば、遺族や参列者にとっても思い出深い時間になります。

演奏家による生演奏で送るのも荘厳で迫力があり、よい思い出となります。音楽葬の経験のある葬儀社に依頼すれば、葬儀に対応している演奏家を手配してくれます。ピアノやフルートのソロ、弦楽四重奏など、予算はかかりますが選ぶことができます。

生演奏は、火葬場併設の斎場や、ほとんどの公営斎場、寺院斎場ではできないので、ホテルや葬儀社の斎場で行うことが多いです。

曲目に指定がある場合は演奏家と打ち合わせを行い、想像とはちがっていたということ

●式中によく使われる音楽

クラシック	日本の叙情曲	ポピュラー
●アベ・マリア	●青葉城恋歌	●アメージング グレース
●家路	●赤とんぼ	●イエスタデー
●月光　第一楽章	●送る言葉	●エデンの東
●交響曲第3番 第3楽章	●かあさんのうた	●オネスティー
●交響曲第7番 第2楽章	●悲しい酒	●酒とバラの日々
●四季より「秋」・「冬」	●川の流れのように	●セイリング
●G線上のアリア	●神田川	●追憶
●精霊の踊り	●荒城の月	●テネシーワルツ
●セレナード	●さよならの向こう側	●時の過ぎゆくままに
●葬送行進曲	●精霊流し	●慕情
●月の光	●昴	●マイウェイ
●トロイメライ	●月の砂漠	●ムーン・リバー
●白鳥	●ふるさと	●メモリー
●ハレルヤ	●見上げてごらん 夜の星を	●雪がふる
●別れの曲	●雪の降る町を	●ロミオとジュリエット

がないようにしっかりと準備をする必要があります。

また、お葬式だからといって静かな曲でなければいけないといった制限はありませんので、にぎやかな曲で送ってあげることが供養になるのであれば、曲目として検討してみるのも一案です。

遺族や参列者のお参りの仕方としては、仏式の焼香に代えて、「献花」という方法が一般的です。ほかにも参列者が合唱して送ってあげるというのもなかなかよいものです。その場合は歌詞カードなどを配り、参列者が参加できるように心くばりをしたいものです。

また、無宗教葬であっても、焼香のほうが落ち着くのであれば、焼香という方法をとってもかまいません。

演出やお参りの仕方は、場所や状況による制限にあわせて無理のない範囲で、故人に対してやってあげたいことを実現していくのが賢明な方法です。

現在ではプロフィールを写真や映像を交えて紹介する「故人の略歴ビデオ」というものもあります。これも可能な斎場、できない斎場がありますので事前の確認が大切です。

「思い出コーナー」は故人の人柄がわかるようなもの、思い出の品などを展示して故人のことをしのんでもらう工夫をします。趣味の作品、愛用品などを展示して、故人らしいお葬式を演出していきます。

にぎやかな席が好きであったならば、特別な式次第などなく、おしゃべりを楽しみ、食事をとってもらう形式なども無宗教葬では可能な方法です。

❻お別れ会（しのぶ会）

告別式としてお別れ会を行う

お別れ会（しのぶ会）は、友人・知人を招く告別式の意味を持っています。無宗教葬は、いわゆる「遺族主催」が一般的ですが、お別れ会は、「故人主催」「遺族主催」「友人・知人主催」などさまざまです。ここでは、故人が生前に家族に託して行う、遺族主催のお別れ会について考えます。

家族葬や直葬などこぢんまりとお葬式を行い、お別れ会を亡くなってから日が浅いうちに行います。

会場は招待客の規模に合わせますが、斎場あるいはホテルやレストランなどから選べばよいでしょう。

「ホテル葬」「レストラン葬」と呼ばれるのは、お別れ会のことです。

お別れ会にも決まったスタイルはありません。進行の一例です。

①主催者あいさつ
②追悼の言葉など
③献花
④献杯

⑤会食
⑥遺族代表あいさつ

お別れ会では、故人の好きな曲を流したり、メモリアルコーナーを設けるなど無宗教葬と同様の演出ができます。

また、ホテルやレストランでは、故人が好きだった料理を召し上がってもらうなどの趣向をこらすこともできます。

ビュッフェスタイルで行い、故人の思い出を語り合えるようにするのもよいでしょう。

自らお別れを言える生前葬

元気なうちに友人・知人を招いてホテルやレストランなどで行うお別れ会が「生前葬」です。高齢になると送る側も送られる側もきちんとしたお別れができないことから、人間関係にけじめをつける意味で催します。ふつう、葬儀社には依頼しません。

喜寿《きじゅ》（七七歳）や米寿《べいじゅ》（八八歳）、あるいは金婚式など人生の節目のお祝いに合わせて行うことが多いようです。生前葬を行った場合は、死後の告別式は行わず、近親者のみで家族葬や直葬にするのが一般的です。

生前葬は、以後、社会的活動をすべてやめて隠退《いんたい》生活を宣言することでもあります。したがって、生前葬後は俗世間を離れて静かに暮らすよう心がけるべきでしょう。

❼海や山へ還る自然葬

五〇代の二割の人が自然葬を希望

近年、「散骨《さんこつ》」や「樹木葬《じゅもくそう》」といった自然葬が注目されています。

散骨とは遺骨を細かく砕いた遺灰を海や山などから撒《ま》くことをいい、樹木葬とは遺骨を土中に直接埋めて、好きな樹木を植えて墓標とすることです。どちらも遺骨をそのまま自然に還そうとするもので、墓地不足や少子化などが影響しているようです。

日本消費者協会の「葬儀についてのアンケート調査・二〇〇七年版」によると、「自然葬についての考え」という質問では、「故人の希望ならそうする」という意見がいちばん多く、全体平均の四割を占めています。

年代別にみると、「できれば自分はそうしたい」「法律的に問題なければそうしたい」という声がいちばん多いのは五〇代でした。六〇代ではまだ「自分は普通の墓地に葬ってほしい」という方が多いですが、年代が下がるにつれて「できれば自分はそうしたい」という声が多くなっています。なお「一部の遺灰なら、好きだったところに撒くのはよいと

●自然葬についての考え

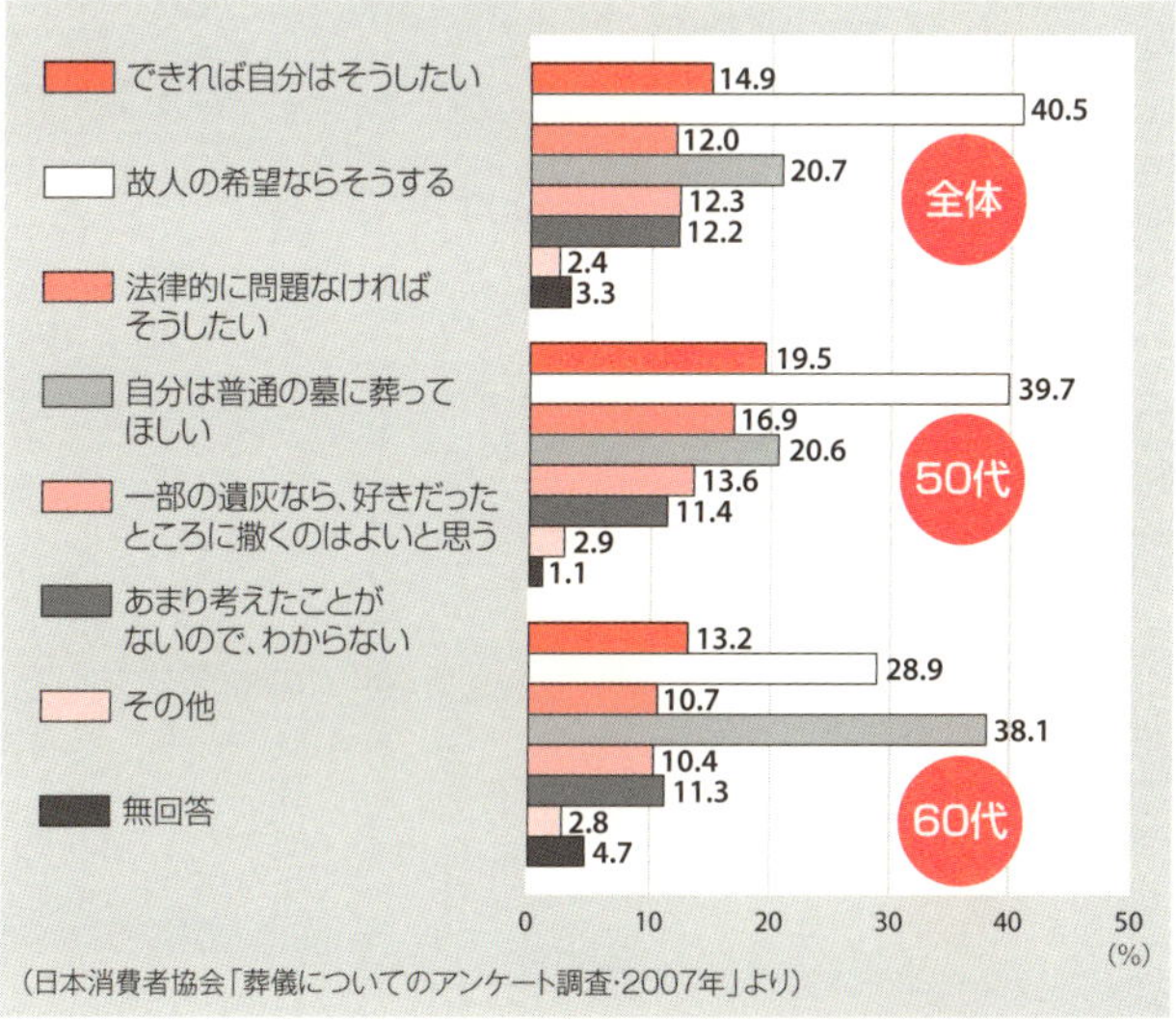
できれば自分はそうしたい
故人の希望ならそうする
法律的に問題なければそうしたい
自分は普通の墓に葬ってほしい
一部の遺灰なら、好きだったところに撒くのはよいと思う
あまり考えたことがないので、わからない
その他
無回答
全体
14.9
40.5
12.0
20.7
12.3
12.2
2.4
3.3
50代
19.5
39.7
16.9
20.6
13.6
11.4
2.9
1.1
60代
13.2
28.9
10.7
38.1
10.4
11.3
2.8
4.7
0
10
20
30
40
50
(%)

（日本消費者協会「葬儀についてのアンケート調査・2007年」より）

思う」という声は、年代によるちがいはありませんでした。

その他、「残された家族にお墓の管理等で負担をかけたくない」「本来の送り方だと思う」「どこでも勝手にというのは身勝手」という意見もありました。

自然葬に関する法的規制

「法律的に問題なければそうしたい」という声がありましたが、どのような法の定めがあるのでしょうか。

遺骨の処理に関しては、公営墓地ができた明治以降、「墓地埋葬法」に遺骨を墓地以外に埋葬することが禁じられました。

自然葬は、一九九一年にＮＰＯ法人「葬送の自由をすすめる会」が相模灘で遺灰を撒いたことにはじまります。当時の厚生省と、法務省がともに法解釈のうえで明確な否定を行わなかったために、事実上「法の規定外」と認知され、散骨は急速にひろまりました。

一部地域では条例をもって散骨を禁止する地区もあり、無用なトラブルを避けるためにも専門の業者に任せるのが望ましいといえるでしょう。

散骨でも通常の埋葬のように「埋葬許可証」が必要です。

一方、樹木葬では、あくまで墓地として許可を得た場所に埋めることが必須条件です。

自然葬を請け負う業者は増えており、本人の生前予約も遺族による依頼もできます。

散骨を行う場合のポイント

さて、散骨をする場合には、ルールがないわけではなく、一定の節度を持って行います。

節度とは、散骨する側としてだけではなく、撒かれる側の住民感情にも配慮しなければなりません。葬送の自由をすすめる会では、次のように取り決めています。
●遺骨を細かく粉砕する
●陸地に撒く場合は水源等を避ける

●海に撒く場合は沿岸から離れる

遺骨の粉砕は、散骨の請負業者に依頼しますが、自分で行うこともできます。自分の手で粉砕するのは大変ですが、やってよかったという声もあるそうです。

●海洋葬

クルーザーによる海洋葬、ヘリコプターでの空中散布、海外や宇宙での散骨、さまざまなかたちがあります。海洋葬では、遺灰を水に溶ける袋に入れて海に投じるか、じかに撒きます。

散骨地点は記録されるので、再びその地にお参りすることも可能です。

また、一家族だけで船などをチャーターする個人葬と数家族が乗り合わせる合同葬があり、費用が変わります。実際にどのように行われるのか、写真などで確認し、信頼できる業者を選ぶことが大切です。

散骨では、遺骨を一部残す方法もある

いくら故人の遺志とはいえ、遺骨をすべて散骨してしまうと、遺族は心のよりどころを失って急にさびしく思えるかもしれません。

また、遺骨やお墓がないと、供養をどうした

らよいか困ってしまいます。

遺骨の一部を残して散骨し、手元供養の品（次頁参照）とする方法もあります。

すべて散骨したなら、記念日にその地に旅行するのもよいでしょう。

樹木葬を行う場合のポイント

樹木葬では通常、墓地として許可を得た土地に、遺骨を骨壺から出して布の袋に入れたり、じかに土中に埋め、墓石の代わりに樹木を植えます。好きな樹木をそれぞれに植える単独式のほか、一本のシンボルツリーの下に多くの遺骨を埋葬する共同式があります。

現在、こうした樹木葬墓地は寺院墓地や民営墓地をはじめ、公営墓地にもできてきました。ひとくちに樹木葬墓地といっても形態や規定がかなりちがいます。

形態は、既存の森や林を生かした山林タイプ、街中の公園タイプがあります。ほとんどの場合、区画の料金が決まっており、契約者が存命中のみ年会費を払うシステムになっています。

●樹木葬

自然葬は平服が一般的

海洋葬でも樹木葬でも、家族や友人のみの人前葬（無宗教）のかたちが多いですが、菩提寺の僧侶に読経してもらうなど特定の宗教形式で行うことも可能です。その場合は請負業者に事前にその旨を伝え、宗教者の手配が必要なら依頼します。

なお自然葬は、喪服で仰々しく行うのは少数派です。周囲の人のことを考えて目立たないように行いたいものです。乗船したり山に登ったりしますので、派手にならず軽快な服装がよいでしょう。

遺骨を手元供養の品に

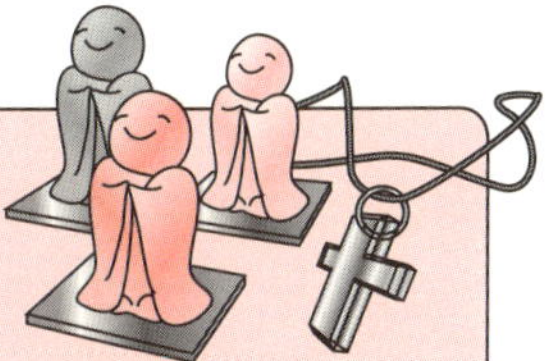

●遺灰を入れる容器や置物、ペンダント

亡くなった家族のことをいつも身近に感じていたい、日常のふとした折に思い出してしのびたい、と思うのは自然です。

遺灰をすべて散骨してしまったり、無宗教葬の場合、お墓や仏壇などがありません。それに代わるものがほしいという声に応えて、次のようなメモリアルグッズが作られています。

●遺灰をさらに粉末化して、焼き固めたセラミックス・プレート

●遺骨の成分から作ったダイヤモンド

❽ 葬儀費用の準備

金融機関の口座は死亡すると封鎖される

自分らしいお葬式をしてほしいという方は「自分の葬儀費用は自分で貯めておきたい」と考えていると思います。では、どのように準備されているのでしょうか？

皆さん、「銀行や郵便局に預貯金をしている」「生命保険でまかなうつもりだ」などと答えるでしょう。

預貯金は誰でも簡単にできてよいのですが、大きな注意点があります。銀行や郵便局の口座は名義人が亡くなると、残高は遺産とみなされ、相続手続きが済むまで勝手に引き出せなくなってしまうのです。つまり、お葬式ですぐに現金が必要になったときに使えないということです。窓口ではダメでもＡＴＭでなら大丈夫と思っている方も多いようですが、いったん口座が封鎖されてしまうと、故人の遺産を相続する権利のある人全員が署名した「遺産分割協議書」と戸籍謄本や印鑑証明書などをそろえて金融機関に提出しなければ、現金を引き出すことはできません。

個人名義の口座で家計を管理していた場合、

遺族の当面の生活費を引き出すこともできません。もちろん、光熱費の自動引き落としもストップしてしまいます。

そうならないように、夫婦であれば、それぞれの口座にある程度の金額を置いておくのがベストです。遺族が離れて住む子や親族だけの場合、葬儀費用はとりあえず、そのうちの誰かが立て替えることになりますので、エンディングノート（136頁参照）や遺言書などに、葬儀費用を用意していることを記しておくとよいでしょう。

なお、口座が封鎖される前に現金を引き出せても、相続財産の一部として相続税がかかります。医療費や葬儀費用は控除が受けられますので、領収書を保存しておきましょう。

生命保険の受取人は喪主となる人に

一方、生命保険の場合は、保険加入者が亡くなれば、あらかじめ指定しておいた人が受け取れます。保険金請求書類を提出して事実確認が済めば、すぐに保険金が支払われます。しかし、生前から家族に、生命保険に加入していること、保険証券をどこに保管しているかを伝えておくことが大切です。

また、保険金を葬儀費用に考えているなら、保険の受取人は喪主となる人にしておくのがよいでしょう。

⑨お葬式の生前予約（生前契約）

事前によい葬儀社をみつけておきたい

自分らしいお葬式を望む人の間で、お葬式の「生前予約」が増えているようです。

お葬式の生前予約とは、自分が生きているうちに、自分のお葬式の内容や費用を決めて葬儀社に予約をすることです。

前述の日本消費者協会のアンケート調査によれば、「生前予約についての考え」という質問では左頁のように「費用も葬儀の仕方も相談したい」という声が全体平均の約四割を占め、いちばん多くなっています。

これは、核家族化が進み、地域とのつながりも薄れて、お葬式をすべて葬儀社に任せる傾向にあるため、事前によい葬儀社をみつけておきたいという意識の高まりをあらわしているといえるでしょう。

生前予約をするときの注意ポイント

お葬式の生前予約は「生前契約」とも呼ばれます。厳密にいえば予約と契約とでは意味がちがいますが、意識して使い分けているわ

●生前予約についての考え

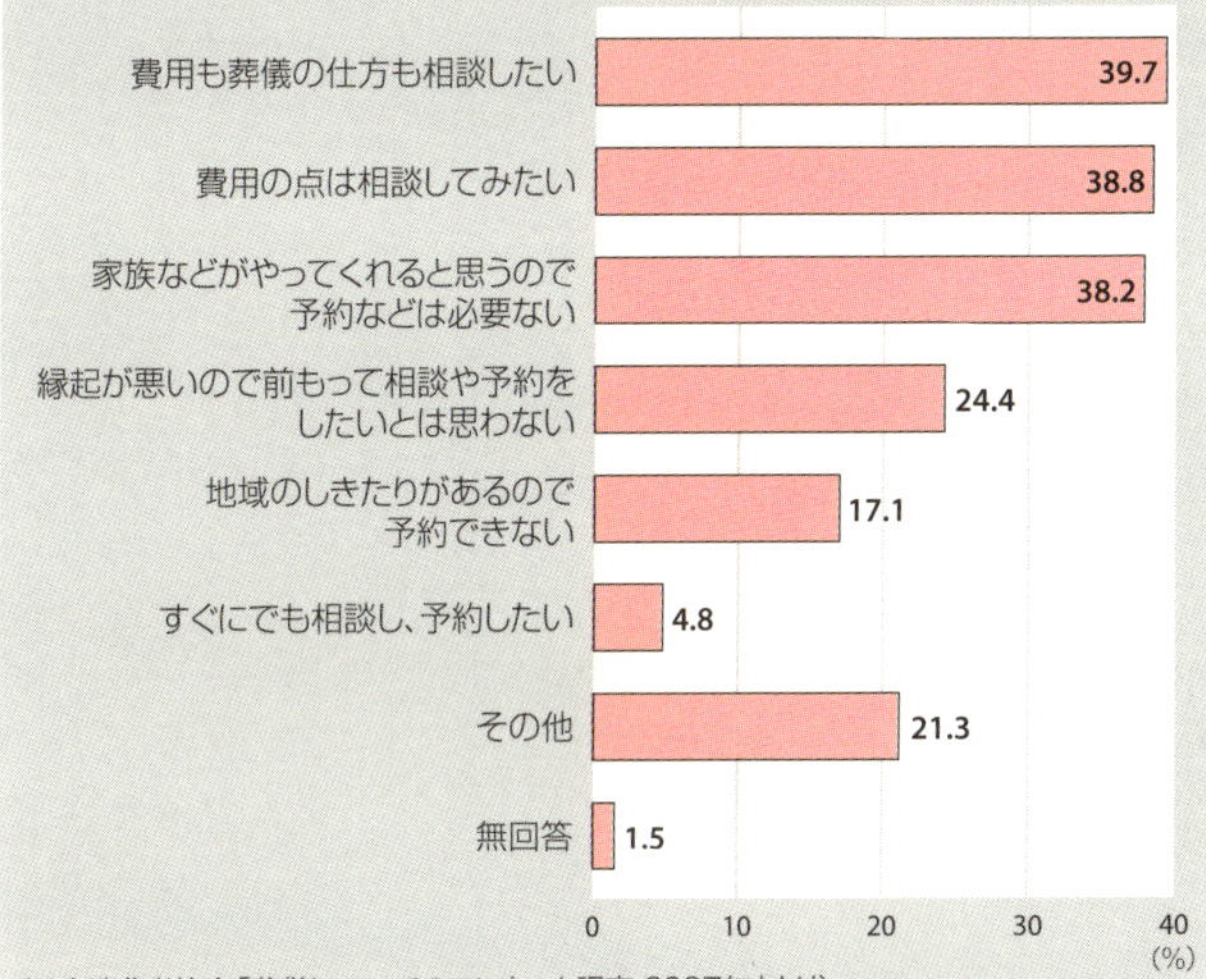
費用も葬儀の仕方も相談したい 39.7
費用の点は相談してみたい 38.8
家族などがやってくれると思うので予約などは必要ない 38.2
縁起が悪いので前もって相談や予約をしたいとは思わない 24.4
地域のしきたりがあるので予約できない 17.1
すぐにでも相談し、予約したい 4.8
その他 21.3
無回答 1.5
0
10
20
30
40
(%)

（日本消費者協会「葬儀についてのアンケート調査・2007年」より）

けではありません。

どちらも注意すべき点は、自分の意思が変わったとき、内容の変更ができるかどうかです。また、解約は可能か、その際にもし前納金があるなら、そのお金は戻るのかなどを確認します。

できれば費用の支払いは、お葬式が済んだあとにしたいものです。生命保険や信託制度

●生前予約のチェックポイント

- 解約や内容の変更が可能か
- 支払いはいつか
- 保証期間はどれくらいか
- あとで追加料金がかからないか
- 約束どおり実施されたかの確認は、誰がどのように行うのか

を利用するならば、第三者機関の監視となり安心です。会員システムをとっているところもあります。

そして、これらがきちんと文章化された契約書を残すことが大切です。

家族にも生前予約をしたことを説明して、同意をとっておきましょう。家族の同意がなくても生前予約はできますが、同意がないと実際のお葬式の場でトラブルになることがあります。

身寄りがない場合には、公正証書遺言で祭《さい》祀《し》主催者（喪主やお墓を守る人）を指定して本人の同意をとっておくのがよいでしょう。

現在は、葬祭業者からＮＰＯ法人まで、さまざまな業者・団体が生前予約を取り扱っています。お葬式だけでなく、財産相続、死後の各種手続きまで含めて生前準備ができます。

葬儀社が手がける生前予約のメリット

内容は葬儀社によりさまざまですが、多くは一万円程度の入会金を支払うと、生前に自分の望むお葬式の相談をし、予約することができます。また、費用の割引などの特典も付きます。

葬儀社の生前予約は内容がアバウトで、業者に対する拘束力も弱いといった面がありますが、反面、融通が利くというメリットもあります。実際のお葬式では、故人の遺志よりも、生きている人の事情を優先せざるを得ないことがあります。ある程度融通が利くようにしておくことで、生前予約をした業者と遺族が歩み寄り、円滑に進めることができます。

生前予約の問題点

万が一、生前予約をした業者や団体がつぶれてしまった場合、その予約は実行されません。そうしたとき、守ってくれる法律がないのが最大の問題点です。ですから、信頼できるところを選ぶことが大切です。

アメリカでは生前予約が普通に行われています。これは死をタブー視しないということもありますが、アメリカでは香典という習慣がないからです。

if共済会の生前予約

if共済会は、経済産業大臣認可の全日本葬祭業協同組合連合会（全葬連）が運営し、全国の葬祭業者約1430社が属しています。

入会金1万円のみで、生涯会員として登録され、生前から葬儀の規模や宗旨、祭壇の種類など細部にわたって取り決めをしておく制度です。どのような葬儀にも対応しています。

引っ越しても、全国どこでも同一のサービスが受けられるうえ、2親等以内の家族が亡くなった場合には権利を譲渡することもできます。

if共済会（東京都千代田区）
0120-816-412
http://www.if-kyosai.com

⑩遺言とお葬式の要望書

遺言書は遺書ではない

一般的に「遺言《ゆいごん》」とは、自分の死後のために言い残しておくこと、またはその言葉をいいます。法律用語では「いごん」と読みます。

遺言書（遺言証書《いごんしょうしょ》）を作成する目的は、第一に、遺産相続に関する紛争を防止することにあります。「遺言による遺産相続（指定相続）は法定相続に優先する」という大原則があるからです。

「うちには財産はないから大丈夫」と思っている方が多いと思います。しかし、自宅が先祖からの土地で立地がよく広かったり、商売をやっていた店舗とその敷地だけの財産でも、それに対して多額の相続税がかかると、家や店舗を売って相続税を払わなくてはなりません。生前に相続財産を試算しておくのもひとつの方法です（135頁参照）。

第二に、自分の意思で財産の分割や処分ができることです。また、それにより相続の手続きが簡略化できます。

なかには家庭内のごたごたを書き連ねる方もありますが、遺言書は遺書《いしょ》ではなく、相続

●遺言書で法的効力を持つこと

身分に関すること	婚姻関係にない男女間に生まれた子の認知
	未成年の後見人、後見監督人の指定
	遺言執行人の指定　など
財産の相続に関すること	相続人の廃除、廃除取り消し
	相続分の指定
	分割の方法　など
財産の処分に関すること	財産の寄付、遺贈
	財産の信託　など

など法的な手続きのために残すものです。

「自分のお葬式はこうしてほしい」という意思は遺言書では伝えられません。次に述べるように、基本的に遺言書の開封はお葬式のあとになるからです。また、お葬式のことを遺言しても法律的な効力はありません。そのため、自分のお葬式に対する考えは、正式な遺言書とは別に作成し、「お葬式の要望書」と表書きしておくとよいでしょう。

遺言書の効力と検認の手続き

民法では、法的効力を持つ事柄を上の表のように定めています。また、遺言書の効力が発生するのは、遺言者が死亡した瞬間と決められています。

遺言書の方式も法律で決められており、それを守っていないと無効となります。

一般には、左頁の表のように「自筆証書遺言」「公正証書遺言」「秘密証書遺言」の三種類があり、「普通方式」と呼ばれています。

このほかに、死が迫っているときに病床で口述で伝えたり、遠隔地にいる場合の「特別方式」の遺言書があります。

普通方式では公正証書遺言以外は、家庭裁判所に提出して遺言の内容が有効かどうか、「検認」の手続きが必要です（125頁参照）。遺言書は、相続人が全員そろっていたとしても開封してはいけません。封印されていなくても検認の手続きを受けなければなりません。

「お葬式の要望書」の書き方

お葬式の要望書には、とくに決まった書式はありません。大事なのは、自分のお葬式をどのようにしてほしいかを具体的に書くことです。

「家族葬がいい」「生花祭壇にしてほしい」といった項目の箇条書きだけよりも、その理由もあわせて記しておきましょう。

宗教葬を希望するなら依頼する宗教者を決めておきます。無宗教葬であれば、葬儀社の

●遺言書の種類と作成方法(普通方式)

	自筆証書遺言	公正証書遺言	秘密証書遺言
作成方法	遺言の全文・日付・氏名を自筆し、押印する。封印の必要はない。	遺言者から遺言の内容を公証人が聞き取って作成する。封印の必要はない。	遺言文書に日付を入れ、署名・押印、封印する。それを公証役場へ持っていき、公証人の面前で日付と証人の署名・押印を受ける。
保　管	遺言者、遺言執行人などが保管する。	原本は公証人役場で、正本と謄本は遺言者などが保管する。	原本を遺言者か、相続人以外の人が保管する。
検認手続き	必要	不要	必要
証　人	不要	証人2人以上	証人2人以上
メリット	手軽に作成できる。費用がかからない。内容を誰にも知られない。	様式不備のおそれがない。偽造・紛失の心配がない。検認手続きが不要なのですぐに開封できる。	遺言文書は代筆やワープロでも可。遺言書の存在が公証人役場に記録される。内容を秘密にできる。
デメリット	様式不備で無効になる可能性がある。隠匿・偽造などのリスクがある。死後に発見されない場合がある。	公証人や証人を依頼する手間と費用がかかる。遺言の内容を公証人と証人に知られる。	紛失や様式不備で無効になる可能性がある。公証人や証人を依頼する手間と費用がかかる

※証人には、未成年や利害関係にある人はなれません。公証役場で紹介もしてくれます。

当たりをつけておきましょう。

また、「知らせる範囲」も重要な項目です。知らせる範囲がお葬式の規模に直結しますので、知らせたい方の連絡先リストを作成し、同封しておきましょう。遺影用の写真も用意しておきます。

自分の生きた証《あかし》として、最後に着せてほしい衣服、棺《ひつぎ》の中に入れてほしい物、座右の銘などを書くのもよいでしょう。家族にとってよい思い出になるはずです。

書き上げたら必ず家族にお葬式の要望書を書いたこと、その保管場所を知らせておきましょう。できれば生前にお葬式について話し合っておきたいものです。

遺言書の撤回や変更

一般に一五歳以上であれば遺言を残すことができます。遺言書の作成方法は123頁の表を参照してください。

遺言の内容はいつでも何度でも変更することができます。「前の遺言のすべて（または○○の部分）を取り消す」と書いた遺言書を新たに作成してもよいし、複数の遺言書があっても、様式に不備がなければ、日付が新しいものが有効とされます。

死亡後に遺言書が複数みつかったときは、遺言者の死亡時の居住地の家庭裁判所にすべて提出し、検認を受けます。自筆証書遺言と公正証書遺言があっても、公正証書遺言が優先されるわけではありません。この検認の申立手続きは、遺言書の保管者か発見者が行います。その際、申立人と相続人全員の戸籍謄本と、遺言者の出生時から死亡までのすべての戸籍謄本（除籍謄本、改製原戸籍謄本）が必要となります。

家庭裁判所では、相続人またはその代理人の立ち会いのもと、遺言書を開封して様式に不備がないか、不正行為がないか、どの遺言書が有効であるかを調べます。

●遺言書の検認手続き

1. **検認の申し立て**
   - 申立書に必要書類を添えて家庭裁判所に提出する。
2. **検認期日の通知**
   - 家庭裁判所から相続人全員に通知される。検認に立ち会うか否かの選択は自由。
3. **検認の実施**
   - 相続人の立ち会いのもとに行われる。結果は検認調書に記載される。
4. **検認済の通知**
   - 検認に立ち会わなかった人に通知される。
5. **検認済証明書の申請**
   - 相続登記や銀行手続きのために、申立人が申請する。
6. **遺言書の返還**
   - 検認済証明書が発行され、申立人に遺言書が返還される。検認の申し立てから、通常1カ月から1カ月半かかる。

⓫ 相続

相続は遺言の有無の確認から始まる

お葬式を済ませてから、もっとも煩雑で気を使うのが相続の手続きです。

相続は死亡と同時に開始されます。故人は「被相続人」となり、その財産は「遺産」となって、それを受け取る権利を持つ「相続人」に継承されます。

相続できるおもな財産は、左頁の表のとおりです。ご覧のとおり、借金などの債務もマイナスの財産として含まれます。相続財産は、すべての相続が決定するまで名義変更できません。

相続には、法定相続人が民法に定められた手続きで行う相続（法定相続）と、故人の遺言によって行う相続（指定相続）があります。

したがって、まずは遺言の有無を確認します。もし遺言がみつかり、それが法的に有効なものであったら、指定相続が優先されます。

指定相続の場合、基本的に遺言の指定に従って遺産相続を行います。

ただし、遺言の指定をすべて認めると、遺産をまったく相続できない遺族が出る可能性

●相続対象になる財産、ならない財産

○相続対象になるおもな財産

プラスの財産

- 預貯金・現金
- 有価証券（株券、公社債、手形、ゴルフ会員権など）
- 不動産（土地、建物、不動産の権利など）
- 動産（家財道具、貴金属、美術品、自動車、ペットなど）
- その他（特許権、著作権、知的財産権、漁業権など）

マイナスの財産

- 借金（現金・住宅ローン、買掛金、手形の支払い債務など）
- 公租公課（所得税、住民税、固定資産税など）
- その他（保証債務、損害賠償など）

○相続対象にならないおもな財産

- 一身専属権（年金受給権、親権など被相続人自身専属する権利）
- 指定された受取人の固有権利（遺族給付金、死亡退職金、生命保険金請求権など）
- 祭祀承継（墓地・仏壇・位牌など）
- 香典

もあります。

そこで、法定相続人（一部を除く）には「遺留分」の権利が認められ、最低限の財産の相続を保証されています。たとえば配偶者の場合、最低でも被相続人の財産の四分の一は保証されます。

法定相続の場合は、まず相続人を確認します。それから相続できる財産を調査・把握し、財産目録を作ります。そして相続人全員で遺産の分割協議をして相続財産を分配します。

相続税の納付期限は、相続開始日（死亡日）から一〇カ月以内となっているので、遅くともそれまでに相続を完了させる必要があります。

●相続手続きの流れ

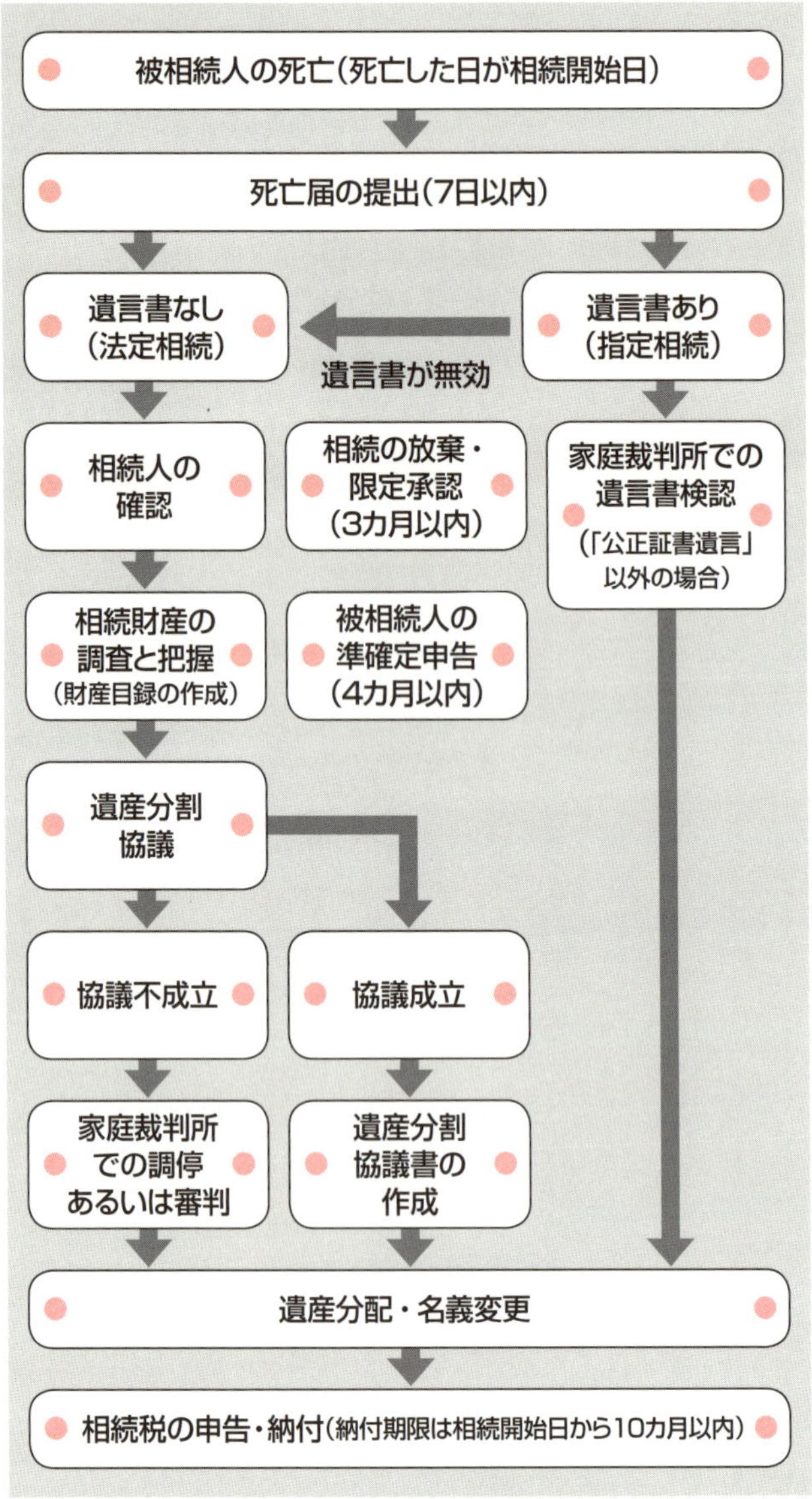
被相続人の死亡(死亡した日が相続開始日)
死亡届の提出(7日以内)
遺言書なし
(法定相続)
遺言書あり
(指定相続)
遺言書が無効
相続人の
確認
相続の放棄・
限定承認
(3カ月以内)
家庭裁判所での
遺言書検認
(「公正証書遺言」
以外の場合)
相続財産の
調査と把握
(財産目録の作成)
被相続人の
準確定申告
(4カ月以内)
遺産分割
協議
協議不成立
協議成立
家庭裁判所
での調停
あるいは審判
遺産分割
協議書の
作成
遺産分配・名義変更
相続税の申告・納付(納付期限は相続開始日から10カ月以内)

●法定相続人の相続割合

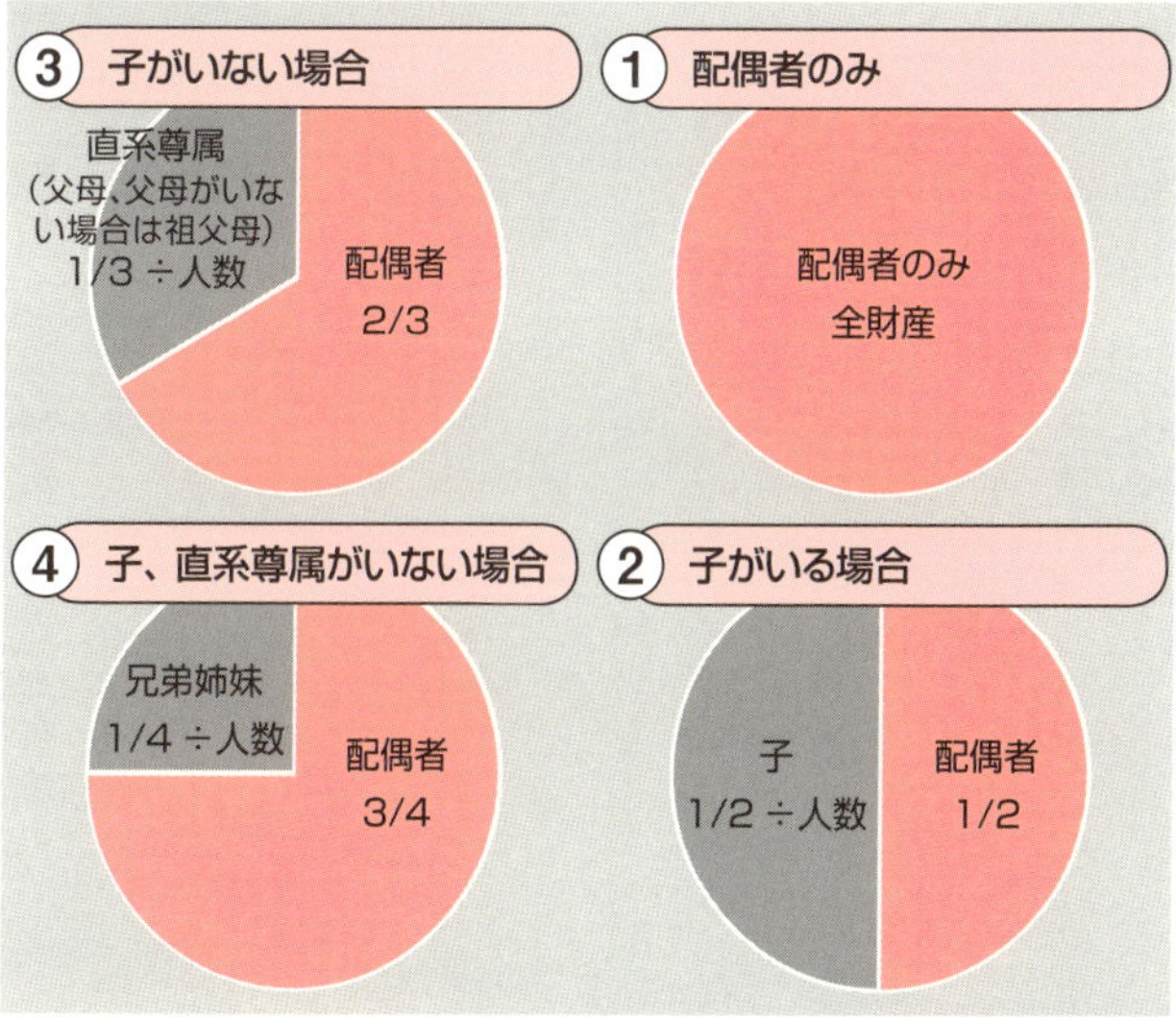
① 配偶者のみ
配偶者のみ
全財産
② 子がいる場合
配偶者
1/2
子
1/2 ÷人数
③ 子がいない場合
配偶者
2/3
直系尊属
（父母、父母がいない場合は祖父母）
1/3 ÷人数
④ 子、直系尊属がいない場合
配偶者
3/4
兄弟姉妹
1/4 ÷人数

法定相続人には優先順位がある

遺言書があれば基本的に遺言が優先されますが、実際には遺言書がなく、法定相続を行うことが多いようです。

民法で定める法定相続人は次のとおりです。

●配偶者は常に相続人となる。

●第一順位　子（直系卑属）…子が死亡していても、その子の子供（故人の孫）がいる場合は、孫が他の子と同等の相続人になる（代襲相続）。

●第二順位　父母（直系尊属）…父母がいない場合は祖父母が相続人になる。

●第三順位　兄弟姉妹…兄弟姉妹が死亡していても、その子供（故人のおいやめい）がいる場合は、おいやめいが他の兄弟姉妹と同等の相続人になる（代襲相続）。

このように、配偶者は常に相続人となり、血縁関係者は一、二、三の相続順位となっています。

通常、配偶者とその子で相続します。順位のちがう血族関係者同士が同時に相続人になることはありません。

つまり、故人に配偶者がいなくても第一順位にあたる子（あるいは孫）がいれば、第二、三位は相続人になれません。法定相続人の相続割合も表のとおり民法で決まっています。

相続方法は選択できる

相続人は、割り当てられた遺産を相続する権利はありますが、必ずしもすべてを相続しなければならないという義務はありません。相続人には次の三つの選択肢があります。

●単純承認

被相続人の財産上の権利、義務（負債など）を無条件に受け継ぐことです。相続人が相続の開始があったことを知った日から三カ月以内に、後述する限定承認や相続放棄の手続きを取らなければ、単純承認をしたとみなされます。

また、相続人が相続財産の全部または一部を処分した場合なども、単純承認をしたとみなされます。

●限定承認

相続によって得られる財産の範囲内でのみ、相続人の債務を負うという方法です。

これは、財産もあるが債務もあるようで、単純承認するとプラスになるかマイナスになるか不明な場合に有効です。限定承認であれば、財産から債務を返済してまだ財産が残っているときのみ相続ができます。

ただし、相続人が複数いる場合は、相続人全員の同意が必要です。

手続きは、相続の開始があったことを知った日から三カ月以内に、家庭裁判所に申請します。

●相続放棄

被相続人の財産上の権利、義務をすべて放棄するという方法です。被相続人が巨額の負

相続放棄は安易に行わない

父の遺産を母にすべて相続させたいと思っても、子が相続放棄するのは賢明ではありません。たとえば相続人が母と一人息子の場合、息子が相続放棄すれば、第一順位の子がいないことになりますから第二順位の法定相続人に権利が移ります。

このような場合は、いったん息子が自分の相続分を受け取り、母と共有分割のかたちを取るべきでしょう。

債を抱えていた場合に有効です。

手続きは相続の開始があったことを知った日から三カ月以内に、家庭裁判所に申請します。一度財産放棄すると、それを取り消すことはできません。

遺産分割は全員の同意により決定

相続人が確定し、すべての遺産が把握できた段階で、相続人全員が集まって遺産分割協議を行います。

遺産がすべて現金や有価証券など分けられるものならよいのですが、実際には不動産や家具、美術品などさまざまです。

遺産の分割には、おもに次の三つの方法があります。

●現物分割

一般的な分割方法で、個々の遺産ごとに現物のまま相続人を決めます。たとえば相続人が三人いるとして、現金と国債は配偶者（母）に、自宅土地と建物は長男に、株券と美術品は次男に、といったように分割します。

わかりやすい分割方法ですが、土地や建物など分割できない遺産もあるので、均等に分割するのが難しくなります。

●換価分割

遺産の全部または一部を現金に換えて分割する方法です。土地や建物など、分割すると価値が下がってしまう場合などに行われます。ただこの場合は、遺産の処分費用や譲渡所得税がかかります。

●代償分割

ある遺産を相続人の一人または数人が現物のまま相続し、他の相続人に対してその代償金を支払う方法です。たとえば、長男が父（被相続人）の残した農地をすべて相続し、母や他の兄弟は、長男からその対価となる金銭が支払われるといった方法です。

また、法定相続においては「寄与分」が認められています。たとえば、長男が父（被相続人）の商売をずっと手伝っていたという場合は、その功績に対して相続財産から寄与分が与えられるというものです。この場合、相続財産から寄与分を差し引いた残りを、相続財産として相続人が分割します。寄与分も遺産分割協議をし、全員の同意によって決定します。

「遺産分割協議書」を作成する

遺産分割協議で相続者全員の合意が得られたら、「遺産分割協議書」を作成します。作成の義務はありませんが、預貯金や不動産の名義変更などで提出を求められる場合が多いので、必ず作っておきましょう。

遺産分割協議書の様式にとくに決まりはあ

りません。
①被相続人の氏名・本籍・死亡年月日
②各相続人が相続する財産
③協議の年月日
④相続人全員の住所・氏名（署名）・押印（実印）

以上が明記されていれば、手書きでもワープロでもかまいません。

遺産分割協議書は、相続人の人数分を作成し、それぞれが一部ずつ保管します。

遺産分割協議がまとまらなかったら

もし遺産分割協議において、相続人のうち一人でも同意しない場合は、家庭裁判所に調停を申し立てます。

調停では裁判官と調停委員が立ち会いのもとで、相続人全員が出席して納得するまで話し合います。調停の席で合意ができれば、ここで終了します。調停が不成立になった場合は、裁判官が審判を下します。

その審判にも不服の相続人がいれば、裁判に持ち込まれ、弁護士を立てて法廷で争うことになります。

相続税がかかる人は少ない

遺産分割が済んだら、相続税の申告・納付を行います。申告期限は相続開始日から一〇カ月以内です。それまでに分割協議が済んでいなければ、法定相続で分割したと仮定して申告・納付を行います。そして、分割協議確定後に修正申告し、超過して納税した場合は返還を受け、不足分は納付します。

申告場所は、被相続人の死亡時の居住地の所轄税務署です。

ただし、相続税には基礎控除があるので、相続税を申告・納付しなければならない人はごくわずかです。

基礎控除額は次のとおり算出します。

たとえば、父を亡くして母と二人の子が相続人（計三人）だった場合は、「五〇〇〇万円＋一〇〇〇万円×三人（相続人の数）＝八〇〇〇万円」が基礎控除となります。ですから、遺産総額が八〇〇〇万円を超えていなければ、相続税はかかりませんし、税務署に申告する必要もありません。

相続税がかかる人は、全死亡者の四～五％といわれています。

⑫エンディングノート

人生のエンディングを家族に明確に伝える

自分の歩んできた道をつづるとともに、終末期や死後のことについての意思を家族に伝えるのが「エンディングノート」です。

もし、自分が急病で倒れ意識が戻らなくなったり、急死したときには、このノートが家族にとって手助けになります。

記入する内容は自由。左頁の表が一例です。必須は「終末期の医療」「お葬式とお墓の希望」「(死亡通知のための)住所録」「財産の記録」「遺言書の有無」です。

終末期の医療やお葬式の希望については、具体的にわかりやすく書きます。抽象的な表現やあいまいな内容では残された家族がかえって大変になるので注意しましょう。

ノートに記録するということは心の整理にもなり、これから残された時間をどのように過ごすべきか明確になります。その意味では、素敵な人生を送るためのノートともいえます。還暦や喜寿、定年退職の日などの記念日に書くのがよいタイミングかもしれません。

エンディングノートは、法的拘束力はあり

●エンディングノートに記入する内容目例

- 自分の略歴、思い出
- 家族・親族の連絡先、家計図
- 終末医療についての意思表示（病名の告知、余命の宣告、延命治療、尊厳死、臓器提供、検体など）
- 介護についての希望
- お葬式についての希望（葬儀形式、葬儀場所、喪主、費用、友人・知人への連絡先、葬儀社、遺影写真、戒名など）
- お墓についての希望（散骨、納骨、供養など）
- 財産の記録（不動産、預貯金、その他の資産、遺品の形見分けなど）
- 死亡後に必要な手続き（健康保険、年金、生命保険、退会届など）
- 遺言書の有無
- 家族・友人へのメッセージ

ません。遺産相続について遺言を残す場合は、法的に有効な遺言書を作成します。

自分の書き残した（遺産相続以外の）意思を確実に実現してもらうには、家族にノートの置き場所を伝えておくとともに、なぜそうしてほしいのかを話し、理解を得ておくとよいでしょう。

必要事項が網羅されたエンディングノートが市販されています。あるいは、普通のノートに書き込んで自分だけのエンディングノートを作るのもよいでしょう。何度書き直してもかまいません。

138〜142頁は、エンディングノートの作成例です。参考にしてください。

エンディングノートの項目例 1

1. 私と私の家

■私

（ふりがな） 名　　前			
生年月日	年　　月　　日	血液型	
出生地			
本　　籍			
現住所			

■私の家族

名　前	続柄	生年月日	住所・電話	家　庭

■私の親族

名　前	続柄	住所・電話	備　考

■家系図

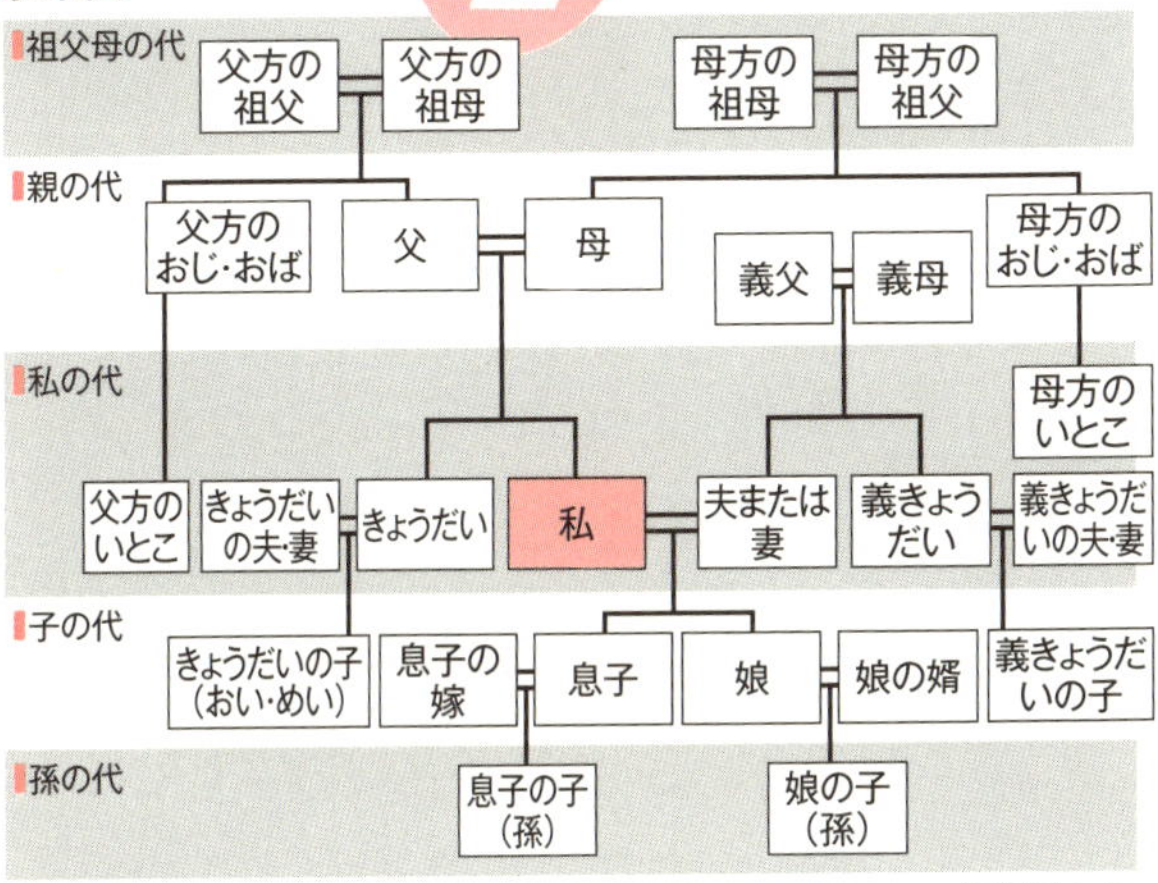
祖父母の代
父方の祖父
父方の祖母
母方の祖母
母方の祖父
親の代
父方のおじ・おば
父
母
義父
義母
母方のおじ・おば
私の代
母方のいとこ
父方のいとこ
きょうだいの夫・妻
きょうだい
私
夫または妻
義きょうだい
義きょうだいの夫・妻
子の代
きょうだいの子（おい・めい）
息子の嫁
息子
娘
娘の婿
義きょうだいの子
孫の代
息子の子（孫）
娘の子（孫）

＊名前を入れる

2. 医療と介護

■私のからだ

●病院のリスト

病院名	住所・電話	備　考

●おもな病歴　〔　　　　　　　　　　〕

●体質（アレルギー等）〔　　　　　　　　　　〕

■介護の希望

●介護を頼むのは　□専門家に頼みたい　□家族に頼みたい
□どちらでもかまわない

●介護場所　□自宅　□施設（設備のととのった介護施設）
□施設（設備が多少不備でも家族に迷惑がかからないところ）

●希望施設　〔　　　　　　　　　　〕

●介護費用　□預貯金や年金　□財産の処分

3.終末医療

■告知と治療

●病名の告知　□必ず知らせてほしい
□どちらかといえば知らせてほしい　□知らせないでほしい
●余命の宣告　□必ず知らせてほしい
□どちらかといえば知らせてほしい　□知らせないでほしい

■死の選択

●延命治療　□尊厳死を希望する　□脳死は認めない。心臓の動いているかぎり治療を続けてほしい　□家族に任せる
●臓器提供・検体など　□ドナーカードに記入している
□献体登録している　□臓器提供・検体の意思はない
●どこで死を迎えたいか　□自宅　□病院　□介護施設
□ホスピス　□その他〔　　　　　　　　　　　　〕

4.お葬式とお墓

■お葬式

●お葬式のかたちと規模　□一般葬（通夜と葬儀・告別式）
〔親族　　名・一般参列者　　名〕　□家族葬〔　　名〕
□直葬　家族のみ・家族と親族　□家族葬と後日お別れ会
□その他〔　　　　　　　　　　　　〕
●宗教　□仏式（宗派　　　　　　　）　□神式
□キリスト教式（宗派　　　　　　　）　□無宗教式

●宗教施設（菩提寺等）

施設名	住所・電話	備考

●喪主

名前		続柄	

●お葬式の場所　□自宅　□斎場（希望斎場　　　　　　　）
□その他〔　　　　　　　　　　　　〕

- ●葬儀社　□決まっている・希望がある（葬儀社名　　　　）
  □とくに決めていない
- ●予算　〔総額で　　　　　万円程度〕
- ●費用の準備　□預貯金　□生命保険　□互助会
  □その他〔　　　　　　　　　　〕
- ●祭壇のかたち　□白木祭壇　□生花祭壇
  □家族に任せる　□祭壇はいらない
- ●祭壇の大きさ　□大きく立派なものに　□普通でよい
  □小さく簡素でよい
- ●演出の希望　〔　　　　　　　　　　〕
- ●遺影写真　□用意している　□家族に任せる
  ＊遺影に使ってほしい写真をノートにはさんでおくとよい
- ●通夜ぶるまい・精進落とし　□できるだけ上のランク料理
  □普通でよい　□できるだけ節約してほしい
  □その他〔　　　　　　　　　　〕
- ●香典　□受け取る　□辞退する　□家族に任せる
- ●香典返し　□即日返し　□忌明け返し　□家族に任せる
  希望の品　〔　　　　　　　　　　〕
- ●連絡してほしい友人・知人

名　前	続 柄	住所・電話	備 考

■お墓・供養

- ●埋葬　□先祖代々の墓　□用意してある墓
  □新たに墓を用意してほしい　□合祀墓や納骨堂
  □散骨〔希望地等：　　　　　　　　〕
  □その他〔　　　　　　　　　　〕
- ●お墓参り　□毎月　□年2回の彼岸程度　□年1回程度
  □家族に任せる
- ●供養　□四十九日忌　□一周忌　□三回忌　□七回忌
  □十三回忌　□十七回忌　□二十三回忌　□二十七回忌
  □三十三回忌　□それ以上

5.財産の記録

●預貯金〔　　　　　　　　　〕〔　　　　　　　　　　〕
●不動産〔　　　　　　　　　〕〔　　　　　　　　　　〕
●有価証券〔　　　　　　　　〕〔　　　　　　　　　　〕
●保険証券〔　　　　　　　　〕〔　　　　　　　　　　〕
●その他の資産〔　　　　　　〕〔　　　　　　　　　　〕
●負　債〔　　　　　　　　　〕〔　　　　　　　　　　〕
●遺品の形見分け〔誰に・何を：　　　　　　　　　　　〕
〔誰に・何を：　　　　　　　〕〔誰に・何を：　　　　〕

6.遺言書

□遺言書がある（保管場所　　　　　）　□遺言書がない

7.必要な手続き

●健康保険・年金〔　　　　　　　　　　　　　　　〕
●生命保険〔　　　　　　　　　　　　　　　　　　〕
●退会届〔　　　　　　　　　　　　　　　　　　　〕
●その他〔　　　　　　　　　　　　　　　　　　　〕

8.私の略歴と思い出

■私の略歴〔　　　　　　　　　　　　　　　　　　〕
■思い出〔　　　　　　　　　　　　　　　　　　　〕

9.家族・友人へのメッセージ

■〔　　　　　〕へ〔　　　　　　　　　　　　　　〕
■〔　　　　　〕へ〔　　　　　　　　　　　　　　〕
■〔　　　　　〕へ〔　　　　　　　　　　　　　　〕
■〔　　　　　〕へ〔　　　　　　　　　　　　　　〕
■〔　　　　　〕さんへ〔　　　　　　　　　　　　〕
■〔　　　　　〕さんへ〔　　　　　　　　　　　　〕

参考文献
（順不同）

『変わるお葬式、消えるお墓　新版』小谷みどり著　岩波書店
『家族で送る手作りのお葬式』鈴木葬儀社著　星雲社
『新・お葬式の作法』碑文谷創著　平凡社新書
『新編　葬儀・法要・お墓の知識実例事典』主婦と生活社
『セオリーＭＯＯＫ　よい「お葬式」入門』講談社
『葬儀・法要・相続　完全ＢＯＯＫ』市川愛監修　世界文化社
『それでもお葬式をするための１００の知恵』朝日新聞出版
『小さなお葬式』北村香織編集　小学館
『都会のお葬式』此経啓助著　日本放送出版協会　生活人新書
『納得いくお葬式は20万円からできる』牧野恭仁雄著　主婦の友社
『マイ・ラスト・セレモニー』林えり子著　集英社インターナショナル
『よくわかる家族葬のかしこい進め方』杉浦由美子・河嶋毅著　大泉書店
『よくわかる無宗教葬のかしこい進め方』杉浦由美子著　大泉書店

写真提供
取材協力
（順不同）

株式会社 メモリアルアートの大野屋
ｉｆ共済会
ウィルライフ 株式会社
トライウォールジャパン 株式会社
有限会社 佐藤葬祭

◆監修者プロフィール

佐藤信顕（さとう・のぶあき）

1976（昭和 51）年、東京都出身。

厚生労働省認定葬祭ディレクター１級・葬祭ディレクター技能審査審査官。

有限会社佐藤葬祭代表取締役社長。

祖父の時代から三代続く小さな葬儀社を若くして継承。ホームページを通じて顧客の相談を聞き、幅広い葬儀プランを提供している葬儀社として、新聞・テレビでも取り上げられている。おもな著書に『葬儀・法要　会葬者のためのあいさつ・マナー』（池田書店）がある。

http://www.alpha-net.ne.jp/users2/sato1976/

日本人として心が豊かになる
家族と自分のお葬式

発行日　2010年２月18日　初版第1刷発行
2018年11月27日　第2刷発行

監　修　佐藤信顕
編　著　株式会社 青志社
装　幀　桜井勝志（有限会社アミークス）
発行人　阿蘇品 蔵
発行所　株式会社 青志社
〒107-0052　東京都港区赤坂6-2-14　レオ赤坂ビル4F
Tel　03-5574-8511（編集・営業）
Fax　03-5574-8512
印刷・製本　慶昌堂印刷株式会社

© Seishisha Publishing Co.,Ltd.,2010,Printed in Japan

ISBN978-4-903853-78-9　C2015

本書の一部あるいは全部を無断で複写複製することは、
著作権法上の例外を除き、禁じられております。
落丁乱丁その他不良本はお取り替えいたします。